WEEKLY STUDY PLAN

WEEKLY STUDY P

Name of the Test ← テスト名を書こう。

Test Period ←

/ ~ /

テスト期間を

Name of the Test

Date　To-do List ← やることを書こう。
(例)「英単語を10個覚える。」など。

勉強する日付を書こう。

To-do List

/

( )

/

( )

/

( )

/

( )

/

( )

/

( )

/

( )

🕐 **Time Record**
0分 10 20 30 40 50 60分

→5時間
→6時間

🕐 **Time Record**
0分 10 20 30 40 50 60分

→1時間
→2時間
→3時間
→4時間
→5時間
→6時間

した時間分のマス目をぬろう。1マス10分。

🕐 **Time Record**
0分 10 20 30 40 50 60分

→1時間
→2時間
→3時間
→4時間
→5時間
→6時間

🕐 **Time Record**
0分 10 20 30 40 50 60分

→1時間
→2時間
→3時間
→4時間
→5時間
→6時間

🕐 **Time Record**
0分 10 20 30 40 50 60分

→1時間
→2時間
→3時間
→4時間
→5時間
→6時間

🕐 **Time Record**
0分 10 20 30 40 50 60分

→1時間
→2時間
→3時間
→4時間
→5時間
→6時間

🕐 **Time Record**
0分 10 20 30 40 50 60分

→1時間
→2時間
→3時間
→4時間
→5時間
→6時間

/

( )

/

( )

/

( )

/

( )

/

( )

/

( )

WEEKLY STUDY PLAN

Test Period

| / | ~ | / |

Name of the Test

Test Period

| / | ~ | / |

Date　To-do List

🌐 Time Record
0分 10 20 30 40 50 60分
1時間
2時間
3時間
4時間
5時間
6時間

/

( )

- [ ]
- [ ]
- [ ]
- [ ]
- [ ]

🌐 Time Record
0分 10 20 30 40 50 60分
1時間
2時間
3時間
4時間
5時間
6時間

/

( )

- [ ]
- [ ]
- [ ]
- [ ]
- [ ]

🌐 Time Record
0分 10 20 30 40 50 60分
1時間
2時間
3時間
4時間
5時間
6時間

/

( )

- [ ]
- [ ]
- [ ]
- [ ]
- [ ]

🌐 Time Record
0分 10 20 30 40 50 60分
1時間
2時間
3時間
4時間
5時間
6時間

/

( )

- [ ]
- [ ]
- [ ]
- [ ]
- [ ]

🌐 Time Record
0分 10 20 30 40 50 60分
1時間
2時間
3時間
4時間
5時間
6時間

/

( )

- [ ]
- [ ]
- [ ]
- [ ]
- [ ]

🌐 Time Record
0分 10 20 30 40 50 60分
1時間
2時間
3時間
4時間
5時間
6時間

/

( )

- [ ]
- [ ]
- [ ]
- [ ]
- [ ]

🌐 Time Record
0分 10 20 30 40 50 60分
1時間
2時間
3時間
4時間
5時間
6時間

/

( )

- [ ]
- [ ]
- [ ]
- [ ]
- [ ]

Gakken New Course Study Plan Sheet

WEEKLY STUDY PLAN

Name of the Test ← テスト名を書こう。

Test Period ←

/ ~ /

Date	To-do List	← やることを書こう。 (例)「英単語を10個覚える」など。

/
( )
□ □ □ □ □

⏱ Time Record ←

0分 10 20 30 40 50 60分
→1時間
→2時間
→3時間
→4時間
→5時間
→6時間

/
( )
□ □ □ □ □

⏱ Time Record
0分 10 20 30 40 50 60分
→1時間
→2時間
→3時間
→4時間
→5時間
→6時間

/
( )
□ □ □ □ □

⏱ Time Record
0分 10 20 30 40 50 60分
→1時間
→2時間
→3時間
→4時間
→5時間
→6時間

/
( )
□ □ □ □ □

⏱ Time Record
0分 10 20 30 40 50 60分
→1時間
→2時間
→3時間
→4時間
→5時間
→6時間

/
( )
□ □ □ □ □

⏱ Time Record
0分 10 20 30 40 50 60分
→1時間
→2時間
→3時間
→4時間
→5時間
→6時間

/
( )
□ □ □ □ □

⏱ Time Record
0分 10 20 30 40 50 60分
→1時間
→2時間
→3時間
→4時間
→5時間
→6時間

/
( )
□ □ □ □ □

⏱ Time Record
0分 10 20 30 40 50 60分
→1時間
→2時間
→3時間
→4時間
→5時間
→6時間

WEEKLY STUDY PLAN

Name of the Test

Date	To-do List

/
( )
□ □ □ □ □

/
( )
□ □ □ □ □

/
( )
□ □ □ □ □

/
( )
□ □ □ □ □

/
( )
□ □ □ □ □

/
( )
□ □ □ □ □

WEEKLY STUDY PLAN

Name of the Test

Test Period

/ ~ /

Date   To-do List

/

( )

☐
☐
☐
☐
☐
☐

Time Record
0分 10 20 30 40 50 60分
→ 1時間
→ 2時間
→ 3時間
→ 4時間
→ 5時間
→ 6時間

Test Period

/ ~ /

Time Record
0分 10 20 30 40 50 60分
→ 1時間
→ 2時間
→ 3時間
→ 4時間
→ 5時間
→ 6時間

/

( )

☐
☐
☐
☐
☐
☐

Time Record
0分 10 20 30 40 50 60分
→ 1時間
→ 2時間
→ 3時間
→ 4時間
→ 5時間
→ 6時間

Time Record
0分 10 20 30 40 50 60分
→ 1時間
→ 2時間
→ 3時間
→ 4時間
→ 5時間
→ 6時間

/

( )

☐
☐
☐
☐
☐
☐

Time Record
0分 10 20 30 40 50 60分
→ 1時間
→ 2時間
→ 3時間
→ 4時間
→ 5時間
→ 6時間

Time Record
0分 10 20 30 40 50 60分
→ 1時間
→ 2時間
→ 3時間
→ 4時間
→ 5時間
→ 6時間

/

( )

☐
☐
☐
☐
☐
☐

Time Record
0分 10 20 30 40 50 60分
→ 1時間
→ 2時間
→ 3時間
→ 4時間
→ 5時間
→ 6時間

Time Record
0分 10 20 30 40 50 60分
→ 1時間
→ 2時間
→ 3時間
→ 4時間
→ 5時間
→ 6時間

/

( )

☐
☐
☐
☐
☐
☐

Time Record
0分 10 20 30 40 50 60分
→ 1時間
→ 2時間
→ 3時間
→ 4時間
→ 5時間
→ 6時間

Time Record
0分 10 20 30 40 50 60分
→ 1時間
→ 2時間
→ 3時間
→ 4時間
→ 5時間
→ 6時間

/

( )

☐
☐
☐
☐
☐
☐

Time Record
0分 10 20 30 40 50 60分
→ 1時間
→ 2時間
→ 3時間
→ 4時間
→ 5時間
→ 6時間

Time Record
0分 10 20 30 40 50 60分
→ 1時間
→ 2時間
→ 3時間
→ 4時間
→ 5時間
→ 6時間

/

( )

☐
☐
☐
☐
☐
☐

Time Record
0分 10 20 30 40 50 60分
→ 1時間
→ 2時間
→ 3時間
→ 4時間
→ 5時間
→ 6時間

【学研ニューコース】

問題集

中学公民

Gakken

本書の特長と使い方

特長
ステップ式の構成で 無理なく実力アップ	充実の問題量 ＋定期テスト予想問題つき	スタディプランシートで スケジューリングも サポート

【1見開き目】

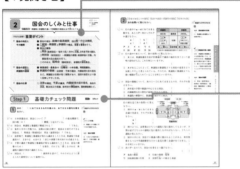

テストに出る！ 重要ポイント

各項目のはじめには，その項目の重要語句や要点が整理されています。まずはここに目を通して，テストによく出るポイントを押さえましょう。

Step 1 基礎力チェック問題

基本的な問題を解きながら，各項目の基礎が身についているかどうかを確認できます。
わからない問題や苦手な問題があるときは，「得点アップアドバイス」を見てみましょう。

 確認 押さえておくべきポイント。

 注意 テストで間違えやすい内容の解説。

 ヒント 問題を解くためのヒント。

【2見開き目】

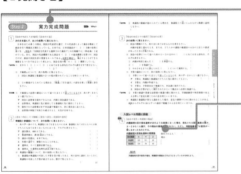

Step 2 実力完成問題

標準レベルの問題から，やや難しい問題を解いて，実戦力をつけましょう。間違えた問題は解き直しをして，解ける問題を少しずつ増やしていくとよいでしょう。

入試レベル問題に挑戦

各項目の，高校入試で出題されるレベルの問題に取り組むことができます。どのような問題が出題されるのか，雰囲気をつかんでおきましょう。

✓よくでる 定期テストでよく問われる問題。

ミス注意 間違えやすい問題。

思考 応用して考える必要のある問題。

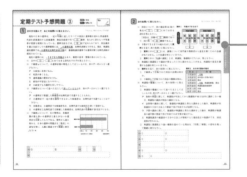

定期テスト予想問題

学校の定期テストでよく出題される問題を集めたテストで，力試しができます。制限時間内でどれくらい得点が取れるのか，テスト本番に備えて取り組んでみましょう。
巻末には，高校入試対策テストもあります。

スタディプランシート【巻頭】

勉強の計画を立てたり，勉強時間を記録したりするためのシートです。計画的に勉強するために，ぜひ活用してください。

中学公民 問題集

「解答と解説」は別冊になっています。
本冊と軽くのりづけされていますので，
はずしてお使いください。

1 現代社会と私たち

リンク
ニューコース参考書
中学公民
p.36〜44

攻略のコツ グローバル化，情報化，少子高齢化に関する資料がよく出る！

テストに出る！ 重要ポイント

● **現代社会の なりたち**
◇ **持続可能な社会**…現在と将来の世代の幸福を両立させる社会。

● **グローバル化**
❶ **グローバル化**…世界が結びつきを強め，一体化する動き。**国際分業**や**国際競争**が進む。
❷ **多文化共生社会**…お互いを尊重し，協力し合って暮らす社会。

● **情報化**
❶ **情報化**…社会の中で情報が果たす役割が大きくなること。**人工知能（AI）** の活用，**情報通信技術（ICT）** の進歩。
❷ **問題点**…個人情報の流出やインターネット関連の犯罪の増加など。**情報リテラシー**や**情報モラル**が求められる。

● **少子高齢化**
❶ **少子高齢社会**…子どもが減り，高齢者の割合が高い社会。
❷ **問題点**…労働力の不足，社会保障関係費の財源の不足など。

Step 1 基礎力チェック問題

解答 別冊p.2

1 次の〔 〕にあてはまるものを選ぶか，あてはまる語句を書きなさい。

☑(1) 環境破壊や経済格差などの問題を解決するためには，現在の世代と将来の世代の幸福を両立させる〔 　　　　　 〕な社会の実現が必要である。

☑(2) 人・商品・お金・情報などの国境を越えた移動が活発化し，世界が一体化する動きを〔 　　　　　 〕という。

☑(3) 各国が得意とするものや不足するものを〔 　　　　　 〕によって交換し合う形で世界貿易が拡大している。

☑(4) 推論，判断，学習などの人間の知能のはたらきをコンピュータ上で実現した〔 　　　　　 〕の活用で，産業や社会が大きく変化している。

☑(5) 情報社会では，大量の情報の中から自分に必要な情報を選び，適切に活用する〔 情報リテラシー　情報モラル 〕が求められている。

☑(6) 合計特殊出生率が低下して子どもの数が減り，人口に占める高齢者の割合が高い社会を〔 　　　　　 〕社会という。

得点アップアドバイス

1 ･･････････････････

ヒント 経済の結びつき
(3) それぞれの国が得意な商品を分担して生産するということ。

 確認 高齢者
(6) 一般に65歳以上の者をいう。

2 【グローバル化】【情報化】
次の文を読んで，あとの各問いに答えなさい。

　情報化が進んだ背景として，インターネットなどの_A情報通信技術が発達したことがあげられる。インターネットの発達によって，生活が便利になったいっぽうで，個人情報が流出したり，インターネット関連の犯罪が増加したりしている。そうした中，私たちには情報リテラシーや_B情報モラルを身につけることが求められている。また，情報化は，_Cグローバル化をいっそう加速させている。

☑ (1) 下線部Aの略称をアルファベットで答えなさい。〔　　　　　　　〕

☑ (2) 下線部Bの情報モラルに反する行為を，次のア〜オから2つ選びなさい。　　　　　　　　　　　　　　　〔　　　〕〔　　　〕
　　ア　人工知能（AI）を導入したアプリで勉強し，学校の成績を上げた。
　　イ　インターネットでお店に予約を入れ，並ばずにお店に入った。
　　ウ　インターネットで見つけた作文を自分が書いたとして提出した。
　　エ　家族との話し合いで，スマートフォンの1日の使用時間を制限した。
　　オ　SNSやブログで友だちの顔写真や名前などを勝手に公開した。

☑ (3) 下線部Cのグローバル化の進展とともに，日本でみられるようになった動きを，次のア〜エから2つ選びなさい。〔　　　〕〔　　　〕
　　ア　海外に工場をつくって現地で生産する企業が増えた。
　　イ　アジアなどから来日して働く外国人労働者が多くなった。
　　ウ　外国の経済の不振が日本の経済に打撃を与えなくなった。
　　エ　野菜や肉類などの食料自給率が上昇した。

3 【少子高齢化】
右の図は，日本，スウェーデン，ドイツ，アメリカの人口に占める高齢者の割合の推移と将来推計を示したものである。これを見て，次の各問いに答えなさい。

☑ (1) 日本を示すグラフを，図中のア〜エから1つ選びなさい。〔　　　〕

☑ (2) (1)で選んだ理由を簡潔に書きなさい。
　〔　　　　　　　　　　　　　　　〕

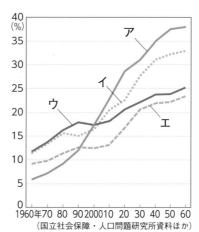

（国立社会保障・人口問題研究所資料ほか）

1 【現代社会のなりたち】【グローバル化】

次の各問いに答えなさい。

(1) 持続可能な社会を実現するために大切なこととして<u>誤っているもの</u>を，次のア〜エから1つ選びなさい。

〔　　　〕

　ア　持続可能な開発目標（SDGs）を達成すること。
　イ　私たちが積極的に社会参画していくこと。
　ウ　各国が自国の経済成長を最優先すること。
　エ　鉱産資源の採掘量を見直すこと。

思考 (2)　グローバル化が進み，日本の工業でも，一国の経済活動を越え，世界と結びついた分業がさかんになっている。右の図から読み取れるその例を，「海外」「工場」の語句を使って簡潔に書きなさい。

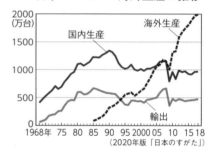

図　日本の自動車国内生産・輸出と日本メーカーの海外生産の推移

（2020年版「日本のすがた」）

2 【情報化】

次の各問いに答えなさい。

ミス注意 (1)　右の図から読み取れることを，次のア〜エから1つ選びなさい。

〔　　　〕

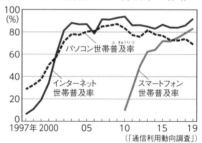

図　日本の情報機器の普及率の推移

（「通信利用動向調査」）

　ア　インターネットの世帯普及率は，パソコンの世帯普及率を下回ったことはない。
　イ　世帯普及率が40％以上になったのは，インターネットよりパソコンのほうが早い。
　ウ　スマートフォンの世帯普及率が最も高い年は，パソコンの世帯普及率も最も高い。
　エ　2019年のスマートフォンの世帯普及率は，2010年の10倍以上である。

よくでる (2)　インターネットと新聞の特色について述べた次の①〜③について，インターネットの特色にあてはまるものにはA，インターネットと新聞のどちらにもあてはまるものにはB，どちらにもあてはまらないものにはCを書きなさい。
　①　情報の内容には，伝える側の主観が入っていることがある。　　〔　　　〕
　②　情報をすばやく伝えるのにとくに適した手段である。　　〔　　　〕
　③　内容が吟味されているので，不正確な情報が伝えられることはない。　〔　　　〕

③ 【少子高齢化】

次の文を読んで，あとの各問いに答えなさい。

　　わが国では，近年，子どもの数が減少するとともに，平均寿命がのびて高齢者の割合が増加し続けており，下の表から2040年にはおよそ国民の　A　人に1人以上が65歳以上の高齢者になると予想されている。このため，今後，生産年齢人口である15〜64歳の人口が減り，高齢者の生活を保障する　B　制度のC費用の負担が重くなることが問題になっている。

ミス注意 (1)　　A　に入る最も適切な整数を，右の表を見て書きなさい。

〔　　　　　人〕

✓よくでる (2)　　B　の制度は，年金保険や健康保険などである。　B　にあてはまる語句を書きなさい。

〔　　　　制度〕

年齢別将来推計人口の割合（％）

年	総人口(万人)	0〜14歳	15〜64歳	65歳以上
2015	12,710	12.5	60.8	26.6
2020	12,533	12.0	59.1	28.9
2025	12,254	11.5	58.5	30.0
2030	11,913	11.1	57.7	31.2
2040	11,092	10.8	53.9	35.3
2050	10,192	10.6	51.8	37.7

※合計が100％にならない年もある。(2020/21年版「日本国勢図会」)

(3)　下線部Cについて，右の表を見ると，2015年には，1人の65歳以上の高齢者を費用の面で支える15〜64歳の生産年齢人口は約2.3人だった。2050年には，1人の高齢者を支えるための生産年齢人口は約何人になると推計されるか。小数第2位を四捨五入して小数第1位まで求めて書きなさい。　　　〔約　　　　　人〕

入試レベル問題に挑戦 ⋯⋯⋯⋯⋯⋯⋯⋯⋯⋯⋯⋯⋯⋯⋯⋯⋯⋯⋯⋯⋯

【情報化】

次の資料Ⅰ，Ⅱからインターネットの利用状況には，どのような傾向があると考えられるか，簡潔に書きなさい。

資料Ⅰ　年齢階層別
　　　　インターネットの利用状況

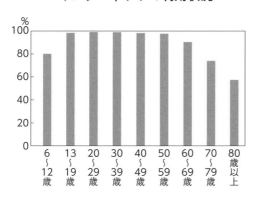

資料Ⅱ　所属世帯年収別
　　　　インターネットの利用状況

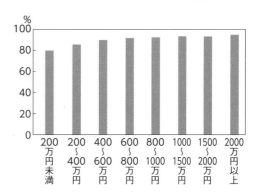

(2019年9月末)(資料Ⅰ，Ⅱとも「令和元年通信利用動向調査」)

ヒント

年齢階層・年収とインターネットの利用状況にどのような関係があるかを読み取る。

2 私たちの生活と文化

リンク
ニューコース参考書
中学公民
p.46〜55

攻略のコツ 文化の意義やさまざまな伝統文化，効率と公正について問われやすい！

テストに出る！ **重要ポイント**

● **生活と文化**
- ❶ **文化**…科学，芸術，宗教のほか，生活のしかたや道徳など。
- ❷ **伝統文化**…伝統芸能，伝統工芸品，**年中行事**など。

● **家族の役割**
- ❶ **核家族**世帯…夫婦だけ，または親と未婚の子どもからなる。
- ❷ **単独世帯（一人世帯）**が増加…高齢者の一人暮らしも増加。
- ❸ 家族生活の基本原則…**個人の尊厳と両性の本質的平等**。

● **現代社会の中の私たち**
- ❶ 人間は社会的存在…人間は**社会集団**の中で協力して生活。
- ❷ **対立**…効率と公正に基づき，話し合いで**合意**を目指す。
  - ◇**効率**…時間や労力などに無駄がない。
  - ◇**公正**…誰にとっても，手続き・機会・結果が公平である。

Step 1 基礎力チェック問題

解答▶ 別冊p.2

1 次の〔　　〕にあてはまるものを選ぶか，あてはまる語句を書きなさい。

☑ (1) 文化の代表的な領域には，科学や芸術，仏教やキリスト教，イスラム教などの〔　　　　　　　〕のほか，さまざまな生活の中の文化がある。

☑ (2) 伝統文化には，歌舞伎や能などの伝統〔　　　　　　〕や，陶磁器・漆器などの伝統〔　　　　　　〕などがある。

☑ (3) ひな祭りや七夕などのように毎年，同じ時期に行われる行事のことを〔　　　　　〕という。

☑ (4) 大切な文化的財産のことを〔　　　　　　〕という。

☑ (5) 家族の形態のうち，夫婦だけ，または親と未婚の子どもからなる家族を〔　　　　　　〕という。

☑ (6) 家族の形態のうち，近年，とくに増えているのは〔　三世代世帯　単独世帯　〕である。

☑ (7) 人間は，家族や学校，職場などさまざまな〔　　　　　　〕の中で協力し合って生きている。

☑ (8) (7)から，人間は〔　　　　　　〕と呼ばれる。

☑ (9) 人々の間で生まれた対立を合意に導く解決策に必要なこととして，効率と〔　　　　　　〕がある。

 得点アップアドバイス

1

確認 伝統文化

(2) 長い歴史の中で育まれ，伝えられてきた文化。

ヒント 三世代世帯

(6) 三世代世帯とは，祖父母，親，子どもからなる世帯。

2 【生活と文化】
次の各問いに答えなさい。

☑ (1) 次の①〜③にあてはまる文化の領域を，あとの**ア〜ウ**からそれぞれ選びなさい。 ① 〔　　〕 ② 〔　　〕 ③ 〔　　〕
　　① うるおいや安らぎを得たり，美意識を高めたりすることができる。
　　② 生命を守ったり，生活を便利にしたりすることができる。
　　③ 信仰によって人生の不安などを解決するヒントを得ることができる。
　　ア 宗教　　**イ** 芸術　　**ウ** 科学

☑ (2) 年中行事のうち，子どもの健やかな成長を願う気持ちが込められているものを，次の**ア〜エ**から2つ選びなさい。 〔　　〕〔　　〕
　　ア 七五三　　**イ** お彼岸　　**ウ** お盆　　**エ** 端午の節句

3 【家族の役割】
次の各問いに答えなさい。

☑ (1) 右の図は，家族形態の変化を示している。図中の **A** にあてはまる，夫婦だけ，または親と未婚の子どもからなる世帯を何といいますか。 〔　　　　　　　〕

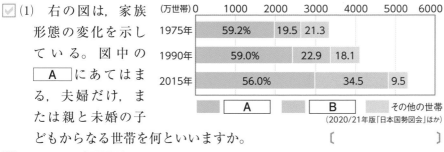

(万世帯) 0　1000　2000　3000　4000　5000　6000
1975年　59.2%　19.5　21.3
1990年　59.0%　22.9　18.1
2015年　56.0%　34.5　9.5

■ **A** ■ **B** ■ その他の世帯
(2020/21年版「日本国勢図会」ほか)

☑ (2) 図中の **B** にあてはまる，近年，割合が増えている世帯を何といいますか。 〔　　　　　　　〕

☑ (3) 家族生活に関する基本原則として，日本国憲法では「　①　の尊厳と両性の本質的　②　」を明記している。①と②にあてはまる語句を次の**ア〜オ**からそれぞれ選びなさい。 ① 〔　　〕 ② 〔　　〕
　　ア 利益　　**イ** 家族　　**ウ** 個人　　**エ** 共存　　**オ** 平等

4 【現代社会の中の私たち】
次の文中のA〜Eにあてはまる語句を，あとの**ア〜オ**からそれぞれ選びなさい。

☑ 　社会集団の中で，人々の考え方や **A** の違いから **B** が生じた場合，話し合いで **C** を目指す必要がある。このときに必要なこととして，時間や労力などで無駄がないようにする **D** と，機会や結果の面で，誰もが不当な扱いを受けないようにする **E** がある。
　A 〔　　〕 B 〔　　〕 C 〔　　〕 D 〔　　〕 E 〔　　〕
　ア 効率　　**イ** 公正　　**ウ** 対立　　**エ** 合意　　**オ** 利害

Step 2　実力完成問題

1 【生活と文化】

次の文を読んで，あとの各問いに答えなさい。

　　人々の暮らしを豊かにする文化には，生活を便利にする物質的文化や，心の豊かさをもたらす_A精神的文化があり，精神的文化の領域の1つに宗教がある。ふだんはとくに信仰(しんこう)に関心のない人でも，_B人生の節目で経験する儀式(ぎしき)の中では宗教と関(かか)わることが多く，年中行事の中にも，信仰と結びついて続いてきたものがある。また，文化の中には_C長い歴史の中でつちかわれ，伝えられてきた芸能や工芸品などの文化があり，_D文化財として保護されているものも多い。

✔よくでる (1)　下線部Aのうち，音楽や絵画，演劇などの文化の領域を何といいますか。

〔　　　　　　　〕

(2)　下線部Bの例を1つあげなさい。

〔　　　　　　　〕

(3)　下線部Cのことを何といいますか。

〔　　　　　　　〕

①輪島塗(わじまぬり)の製品

②秋田県男鹿半島(おが)の年中行事のなまはげ

(伝統的工芸品産業振興協会)

(朝日新聞社)

ミス注意 (4)　下線部Dはさまざまな種類に分けられる。このうち，右の①・②は，それぞれ，次のア〜エのどれにあてはまるか。1つずつ選びなさい。

　　ア　無形文化財　　イ　文化的景観　　　①〔　　　　〕
　　ウ　有形文化財　　エ　特別天然記念物　②〔　　　　〕

(5)　右の表は，日本の主な年中行事を示している。次の①・②にあてはまるものを，表のア〜ケから，それぞれ選びなさい。

①　先祖を敬う気持ちが込められている。この時期に先祖の墓参り(うやま)に行く人も多い。

〔　　　　　　〕

②　季節の変化がはっきりしている日本の風土に合った行事で，自然を愛する人々の気持ちが込められている。〔　　　　〕

1月	2月	3月	4月	5月	7月	8月	11月	12月
ア初もうで	イバレンタインデー	ウひな祭り	エ花見	オ端午(たんご)の節句(せっく)	カ七夕(たなばた)	キお盆(ぼん)(7月の地域もある)	ク七五三	ケ大晦日(おおみそか)

2 【家族の役割】

次の文中の＿＿＿の①〜③にあてはまる家族形態を，あとのア〜ウからそれぞれ選びなさい。

ミス注意 　現在の日本の家族形態の中心である＿①＿では，祖父母などと同居する＿②＿と違(ちが)い，子育てなどの負担(なや)に悩む人が多い。また，近年は高齢化の進行に伴(ともな)って，高齢者の＿③＿が多くなっている。そのため，育児や高齢者の介護(かいご)などについて国や地方公共団体の支援(しえん)の充実(じゅうじつ)が必要になっている。

①〔　　　　〕②〔　　　　〕③〔　　　　〕

ア　三世代世帯　　イ　単独世帯　　ウ　核家族世帯(かく)

③ 【現代社会の中の私たち】

次の各問いに答えなさい。

(1) 人間はみな，さまざまな社会集団に属し，その中で協力し合いながら生きている。このことから，人間はどのような存在といわれますか。　〔　　　　　　〕

✓よくでる (2) 右の図は，個人とさまざまな社会集団との関係を示している。このうち，生まれたときから属する，最も身近で基礎的な社会集団である図中のXは何ですか。

〔　　　　　　〕

(3) 社会集団では，人々の利害を調整するためのきまり（ルール）が必要である。きまりにはさまざまな種類があるが，企業どうしや個人と企業などが取り引きを行う場合に，合意の上でとりかわすルールは一般に何と呼ばれるか。漢字2字で書きなさい。

〔　　　　　　〕

(4) 社会集団できまりを決めるにはさまざまな方法がある。次のような場合，どのような方法が最も適しているか。あとのア～エから1つ選びなさい。

　　ある中学校で，文化祭の会場を各部がどのように使うかを決めることになった。部は全部で7つあり，それぞれの部の平均部員数は20人である。各部の部員が納得するように，効率と公正の両方を満たす方法で決めたいと考えた。

ア　全校の部員全員が参加し，多数決で決める。　〔　　　　〕

イ　各部が代表者を選び，代表者の話し合いののち多数決で決める。

ウ　最も部員の多い部の代表者が決め，あとでほかの部の承認を得る。

エ　全校の部員全員が参加し，全員一致で決める。

入試レベル問題に挑戦

④ 【家族の役割】

右の表を見て，次の各問いに答えなさい。

(1) 2015年について，核家族世帯が世帯の総数に占める割合は何％か，小数第2位を四捨五入して求めなさい。

〔　　　　　％〕

(2) 表から読み取れることとして正しいものを，次のア～エから1つ選びなさい。

〔　　　　〕

家族類型別の世帯数の推移

世帯＼年	2000	2005	2010	2015
夫婦のみ	8,823	9,625	10,244	10,718
夫婦と子ども	14,904	14,631	14,440	14,288
一人親と子ども	3,546	4,070	4,523	4,748
一人世帯	12,911	14,457	16,785	18,418
世帯の総数	46,782	49,063	51,842	53,332

（単位は千世帯。世帯の総数にはその他を含む）

（「国勢調査報告」）

ア　いずれの年も単独世帯の世帯数が最も多い。

イ　いずれの年も，夫婦と子どもの世帯数は，一人親と子どもの世帯数よりも1000万世帯以上多い。

ウ　いずれの年も，夫婦のみの世帯数が世帯の総数に占める割合は，10％以上である。

エ　2015年の世帯の総数は，2000年に比べて，1000万世帯以上増えた。

定期テスト予想問題 ①

時間 ▶ 50分
解答 ▶ 別冊 p.3

得点 　／100

1 次の文を読んで，あとの各問いに答えなさい。

【(1)は 5 点。(2)は 3 点】

　現代の社会は，公害・環境保全，差別・人権侵害，防災・安全など，さまざまな課題を抱えており，これらを解決していくには，a持続可能な社会を実現することが必要である。2015 年，国連サミットで，「貧困をなくそう」「飢餓をゼロに」などの「持続可能な開発目標（SDGs）」が採択され，2030 年までに達成すべき国際目標となった。持続可能な社会を実現するためには，私たち一人ひとりの積極的なb社会参画が必要である。

(1) 下線部 a の持続可能な社会とはどのような社会か，「世代」の語句を使って簡潔に書きなさい。

(2) 下線部 b について，環境分野での社会参画にあてはまるものを，次のア～エから 1 つ選びなさい。

　ア　被災地でボランティアを行う。
　イ　友だちと毎週，地域の清掃活動を行う。
　ウ　継承者の少ない伝統芸能を受け継ぐ。
　エ　高齢者にも使いやすいスマートフォンのアプリを開発する。

(1)		(2)	

2 グローバル化の進展とともに，近年の日本でみられる動きについて，次の A～C の文を読んで，あとの各問いに答えなさい。

【(1)は 6 点。他は 3 点×3】

> A　労働力が豊富で安いアジアに生産拠点を移し，現地で生産する企業が増えている。
> B　肉類や果実，野菜などの食料自給率が低下している。
> C　外国人労働者や外国からの観光客が増え，異なる文化と接する機会が増えている。

(1) A の動きにつれて，日本ではこれまでの加工貿易の形が崩れている。右のグラフからわかる日本の輸入品の変化について，簡潔に書きなさい。

(2) B の動きの背景として，貿易の□□□化が進んだことがあげられる。□□□にあてはまる語句を書きなさい。

(3) C の動きの中で，私たちは，異なる文化の価値を　①　し，異なる文化との　②　を目指すことが大切である。①・②にあてはまる語句を，次のア～エからそれぞれ選びなさい。

　ア　共生　　イ　区別　　ウ　尊重　　エ　一体化

日本の輸入品の変化

	機械類 7.0	鉄鉱石 4.8
1960年	せんい原料 17.6%／石油 13.4	その他

鉄くず 5.1

医薬品 3.9

2019年	機械類 24.9%／石油 12.1	その他

液化ガス 6.2　　衣類 4.1

(2020/21 年版「日本国勢図会」)

(1)		(2)	化	(3)①		②	

3 次の文を読んで，あとの各問いに答えなさい。　　　　　　　　　【(1)は5点。(2)は3点】

　インターネットには①うわさのような不正確な情報も多く流れている。また，②発信するときの不注意から他人を傷つけたり迷惑をかけたりすることもある。このようなことのないように情報モラルを身につけることが大切である。

(1)　文中の下線部①のような情報に対して，私たちには情報（メディア）リテラシーと呼ばれる能力が求められている。これはどのような能力のことか，説明しなさい。

(2)　右の表は，中学生のインターネット上の経験についてアンケートをとった結果である。文中の下線部②のことがとくに起こりうる例を，Ａ〜Ｇから1つ選びなさい。

インターネット上の経験	割合
Ａインターネットにのめり込んで勉強に集中できなかったり，睡眠不足になったりしたことがある。	15.3%
Ｂ迷惑メッセージやメールが送られてきたことがある。	12.1
Ｃインターネットで知り合った人とメッセージやメールなどのやりとりをしたことがある。	10.8
Ｄ自分が知らない人や，お店などからメッセージやメールが来たことがある。	10.6
Ｅ他人が見ることのできるSNS等で，自分の情報を書き込んだことがある。	7.1
Ｆ悪口やいやがらせのメッセージやメールを送られたり，書き込みをされたことがある。	3.2
Ｇ他人が見ることのできるSNS等で，他人の情報を書き込んだことがある。	2.5

(2019年度内閣府調査)

(1)		(2)	

4 次の文を読んで，あとの各問いに答えなさい。　　　　　　　　【(2)は3点。他は5点×2】

　日本は近年，急速に少子高齢化が進んでいる。少子化の要因の1つとして，仕事をする女性にとって，仕事をしながら子育てをすることの負担が大きいため，子どもをうむことをひかえる人が増えたことがあげられる。少子高齢化は，働き手である生産年齢人口の減少をもたらすので，今後の生産活動の衰えが心配されている。

(1)　少子高齢化の対策として，①企業の中には，会社内に保育施設を設けたり，②定年の年齢を引き上げたりしているところがある。①・②は，それぞれ，どのようなねらいがあるか，上の文を参考にして説明しなさい。

(2)　右のグラフは，日本の人口構造の推移と今後の見通しを示している。このグラフについて述べた文として誤っているものを，次のア〜エから1つ選びなさい。

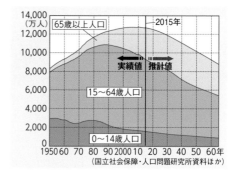

(国立社会保障・人口問題研究所資料ほか)

　ア　1960年から2015年にかけて日本の人口は2000万人以上増えている。

　イ　日本の人口が1億人を下回るのは2030年代と予想されている。

　ウ　2030年の65歳以上人口は1970年の3倍以上である。

　エ　2015年の65歳以上人口は0〜14歳人口を上回っている。

(1)①		②		(2)	

5 次の各問いに答えなさい。

【3点×6】

(1) 日本が外国から吸収してきた文化のうち，次の①～③にあてはまるものを，あとのア～エからそれぞれ選びなさい。

① 古墳時代に伝わり，その後の社会のしくみや日本人の考え方に大きな影響を与えた。

② 鎌倉時代に伝わり，安土桃山時代に日本独自の文化として大成された。現在も日本の代表的な伝統文化の１つになっている。

③ 紀元前に伝わり，社会のしくみを大きく変えた。現在の日本人の生活習慣にも影響を与えている。

　ア 茶の湯　　イ 儒教　　ウ 稲作　　エ 歌舞伎

(2) 次の①～③は，ある国の人が自分の信仰する宗教について説明したものである。当てはまる宗教を，あとのア～エからそれぞれ選びなさい。

① 西アジアの私の国では，ほとんどの人は，毎日，聖地メッカに向かって礼拝を欠かしません。また，大人でも，宗教のきまりによってお酒を飲むことがありません。

② 東南アジアの私の国では，ほとんどの人が，日本の多くの人と同じようにこの宗教を信仰しています。信仰に熱心な人が多く，男性の多くは，人生に一度はお寺で修行をします。

③ ヨーロッパの私の国では，幼いときに信者になるための洗礼の儀式を受けた人が多くいます。私も小さいときから「聖書」を読んでいろいろなことを学んでいます。

　ア キリスト教　　イ ヒンドゥー教　　ウ イスラム教　　エ 仏教

(1)①	②	③	(2)①	②	③

6 次の文を読んで，あとの各問いに答えなさい。

【(1)・(2)①は各5点。(2)②は3点】

　日本の日常生活の中で受け継がれてきた生活文化に年中行事や祭りがある。年中行事のうち，花見，海開き，紅葉狩りなどはA日本の気候の特色と結びついた行事で，日本人の自然を楽しむ気持ちを反映している。また，B地域の祭りには人々の信仰や願いなどが込められたものが多く，これらの祭りからも，日本人の考え方が読み取れる。

(1) 下線部Aの特色として，どのようなことがあげられるか。文中の年中行事を参考に，簡潔に書きなさい。

(2) 下線部Bのような祭りの１つに，右の写真の竿燈まつりがある。これについて，次の各問いに答えなさい。

① 秋田県は稲作がさかんで，写真の竿燈は稲穂をかたどっている。このことから，この祭りには人々のどのような願いが込められていると考えられるか，簡潔に書きなさい。

② 竿燈まつりは，現在は全国から多くの見物客が集まり，地域の□□□資源としても重要な役割をもっている。□□□にあてはまる語句を書きなさい。

秋田県の竿燈まつり

(Cynet Photo)

(1)	(2)①	②	資源

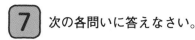

7 次の各問いに答えなさい。

【(2)は5点。他は3点×2】

(1) 次の①・②は，家族形態の特色について述べている。それぞれにあてはまる家族形態を右のグラフ中の**A〜C**から1つずつ選びなさい。

① 育児や家庭生活の知恵などが家族内で継承<ruby>継承<rt>けいしょう</rt></ruby>されやすい利点がある。

② 結婚<ruby>結婚<rt>けっこん</rt></ruby>しない人やおそく結婚する人が増えたことなどから，近年，増加している。

家族形態の変化

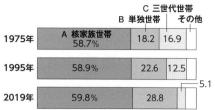

	A 核家族世帯	B 単独世帯	C 三世代世帯	その他
1975年	58.7%	18.2	16.9	
1995年	58.9%	22.6	12.5	
2019年	59.8%	28.8	5.1	

(1995年は兵庫県を除く)　(厚生労働省「国民生活基礎調査」)

(2) 三世代世帯に比べ，核家族世帯では，育児などで悩む人が多い。その悩みを減らすためにも，地域社会と交流して住民どうしで支え合うことが必要になっている。核家族世帯や単独世帯にはない地域社会のよい点として，身近に住んでいて互<ruby>互<rt>たが</rt></ruby>いによく知っていることのほかに，どんなことがあるか。「世代」の語句を使って書きなさい。

(1)①	②	(2)	

8 ある町で，ごみ収集場のそうじを近隣<ruby>近隣<rt>きんりん</rt></ruby>の**A〜E**の5世帯でどのように行うかルールを決めることになった。**Ⅰ**はその5世帯の人々で，**Ⅱ**はこのうち**E**さんを除く**A〜D**さんが話し合った内容である。これを読んで，あとの各問いに答えなさい。【(2)は5点。他は3点×3】

〈**Ⅰ**〉　Aさん：50代の会社員の男性。　　Bさん：大学生。日曜日は朝からアルバイトに行く。
　　　　Cさん：20代の会社員の女性。　　Dさん：30代の会社員の男性。
　　　　Eさん：70代の主婦。体の具合が悪く，この話し合いには不参加。

〈**Ⅱ**〉

Aさん：5つの世帯が順番に，会社が休みの日曜日ごとにそうじしてはどうだろう。

Bさん：①ぼくはアルバイトに遅<ruby>遅<rt>おく</rt></ruby>れてしまい，ぼくだけ負担<ruby>負担<rt>ふたん</rt></ruby>が大きくなります。

Cさん：私は日曜日は休みだからいいけど，Bさんだけでなく**E**さんも負担が大きいと思うわ。体の具合がよくないようなので，そうじが大変だと思います。

Dさん：②今日，Eさんは話し合いに参加していないから，ここで決めるのはよくないよ。Eさんの意見も聞かないと。

Aさん：今日，いったんルールを決めてから，また，Eさんに参加してもらえる日にもう一度検討<ruby>検討<rt>けんとう</rt></ruby>してはどうだろう。

Bさん：③でも，また別の日に集まるのは時間の無駄<ruby>無駄<rt>むだ</rt></ruby>になると思うな。

(1) ①〜③の意見は，それぞれどのような考え方に沿った意見か。次の**ア〜ウ**からそれぞれ選びなさい。

　ア 効率　　**イ** 手続きの公正さ　　**ウ** 結果の公正さ

(2) 公正なルールを決めるときは，**C**さんのように，自分のことだけでなく，□□□□考えることも大切である。□□□□にあてはまる内容を「立場」の語句を使って書きなさい。

(1)①	②	③	(2)	考える

15

1 人権と日本国憲法

リンク
ニューコース参考書
中学公民
p.62〜69

攻略のコツ 欧米の宣言や思想家，大日本帝国憲法と日本国憲法の違いが問われる！

テストに出る！ **重要ポイント**

◎ **人権思想の発達**
- ❶ **人権（基本的人権）**…すべての人が生まれながらにもつ権利。
- ❷ **アメリカ独立宣言，フランス人権宣言**…自由・平等の権利を確立。ロック，モンテスキュー，ルソーらの思想が影響。
- ❸ **社会権**…ドイツのワイマール憲法で初めて規定される。

◎ **日本国憲法の制定**
- ❶ **立憲主義**…憲法で政治権力を制限して人権を保障。
- ❷ **憲法の性格**…憲法は国の**最高法規**。
- ❸ **大日本帝国憲法**…**天皇主権**。人権は法律で制限される。
- ❹ **日本国憲法**…1946年11月3日公布，1947年5月3日施行。

◎ **日本国憲法の基本原理**
- ❶ 基本原理…**国民主権，基本的人権の尊重，平和主義**。
 └→政治の最終決定権は国民にある
- ❷ 憲法の改正…各議院の**総議員の3分の2以上**の賛成で国会が発議→**国民投票**で**過半数**の賛成により改正。

◎ **平和主義**
- ❶ 憲法第9条…**戦争の放棄**，戦力の不保持，交戦権の否認。
- ❷ 非核三原則…核兵器を「持たず，つくらず，持ちこませず」。
- ❸ 自衛隊…国の防衛，治安維持などを目的とする組織。

Step 1 基礎力チェック問題

解答 別冊p.5

1 次の〔　〕にあてはまるものを選ぶか，あてはまる語句を書きなさい。

☑ (1) イギリスの思想家〔　　　　　　〕は，『統治二論』を著して抵抗権を唱え，アメリカ独立戦争やフランス革命に影響を与えた。

☑ (2) フランスの思想家〔　モンテスキュー　　ルソー　〕は，『社会契約論』を著して人民主権を唱えた。

☑ (3) フランス革命では，フランス〔　　　　　　　〕が出された。

☑ (4) 1919年に制定された〔　　　　　　　　　〕では，人間らしい生活を営む権利として，社会権が初めて保障された。

☑ (5) 〔　　　　　　〕では，人権は天皇が恩恵によって与えた「臣民の権利」であり，法律によって制限できるとされた。

☑ (6) 日本国憲法では，国の政治の最終的な決定権は〔　　　　　　〕がもつ。

得点アップアドバイス

1

 注意 **フランスの思想家**

(2) 三権分立を唱えた思想家と間違えないように！

 確認 **社会権**

(4) 国に対し，誰もが人間らしい生活を保障されることを求める権利として，社会権が取り入れられるようになった。

2 【人権思想の発達】

右の略年表を見て，次の各問いに答えなさい。

☑(1) ①が出された国はどこですか。

〔　　　　　　　　　　〕

☑(2) ②や③のときに出された宣言など，近代の人権宣言で保障され，経済活動の発展につながった権利を，次から１つ選びなさい。

〔　　　　　　　　　　〕

〔　選挙権　　平等権　　自由権　〕

☑(3) 日本で④が制定されたのは何時代ですか。

〔　　　　　　　　　　〕

☑(4) ④で主権をもっていたのは誰ですか。　〔　　　　　　　　〕

☑(5) ⑤で初めて保障された人間らしい生活を営む権利を何といいますか。

〔　　　　　　　　　　〕

年代	人権に関するできごと
1215	マグナ＝カルタ
1689	権利(の)章典…①
1775	アメリカ独立戦争…②
1789	フランス革命…③
1889	大日本帝国憲法…④
1919	ワイマール憲法…⑤

3 【日本国憲法の制定】【日本国憲法の基本原理】【平和主義】

右の図を見て，次の各問いに答えなさい。

☑(1) A〜Cにあてはまる日本国憲法の３つの基本原理を書きなさい。

A〔　　　　　　　　　〕
B〔　　　　　　　　　〕
C〔　　　　　　　　　〕

日本の政治		
国民による政治	国民のための政治	国際協調
A	B	C
日本国憲法		

☑(2) 国の政治のしくみの根本を憲法として定め，政治権力を制限し国民の人権を保障する考え方を何といいますか。　〔　　　　　　　　〕

☑(3) 日本国憲法が公布された年月日，施行された年月日をそれぞれ書きなさい。　　公布〔　　　年　　　月　　　日〕
　　　　　　　　　　施行〔　　　年　　　月　　　日〕

☑(4) Aについて，日本国憲法の改正手続きにおいて，国民の承認を得るために行われることは何ですか。　〔　　　　　　　　〕

☑(5) Aについて，天皇は「日本国と日本国民統合」の何とされていますか。

〔　　　　　　　　　　〕

☑(6) Bについて，基本的人権について説明した次の文の〔　　〕にあてはまる語句を書きなさい。

◇誰もが〔　　　　　　　　　〕にもっている人間としての権利。

☑(7) Cについて，この基本原理は日本国憲法第何条で定められていますか。

〔　　　　　　　　　　〕

☑(8) Cについて，日本が「自衛のための必要最小限度の実力」としてもっている組織を何といいますか。　〔　　　　　　　　〕

得点アップアドバイス

2

確認 権利（の）章典

(1) 権利(の)章典は名誉革命後に法制化され，国王に対する議会の権限が確立した。

確認 資本主義経済の発達

(5) 20世紀になると，経済活動が活発になったいっぽうで貧富の差が広がり，人間らしい生活の保障を国に求める権利が認められるようになった。

3

ヒント 日本国憲法の基本原理

(1) Aは，国の政治を最終的に決める権限は国民にあるということ。

ヒント 憲法の公布・施行

(3) 公布の半年後に施行されている。

ヒント 憲法の改正手続き

(4) 具体的な手続きを定めた法律が2010年に施行された。

2章／人間の尊重と日本国憲法

1　人権と日本国憲法

① 【人権思想の発達】

次の文を読んで，あとの各問いに答えなさい。

　17～18世紀に市民革命が起こり，ₐアメリカ独立宣言，ᵦフランス人権宣言やアメリカ合衆国憲法などで，自由権を中心とする人権が保障された。20世紀に入ると，各国で普通選挙権が認められ，1919年には，社会権を保障したₒワイマール憲法が制定された。

> **A　アメリカ独立宣言**
>
> 　われわれは，自明の真理として，すべての人は　X　につくられ，造物主によって一定の奪いがたい天賦の権利を付与され…
>
> **B　フランス人権宣言**
>
> 　主権のみなもとは，もともと　Y　の中にある。

(1)　下線部a，bについて，AとBの文は，アメリカ独立宣言とフランス人権宣言の一部である。　X　・　Y　にあてはまる語句をそれぞれ書きなさい。

X〔　　　　　　　　　〕　Y〔　　　　　　　　　〕

(2)　下線部bについて，フランス人権宣言には三権分立が規定されている。『法の精神』で三権分立を唱えたフランスの思想家は誰ですか。　〔　　　　　　　　　〕

✓よくでる (3)　下線部cについて，ワイマール憲法はどこの国で制定されましたか。

〔　　　　　　　　　〕

ハイレベル (4)　下線部cについて，ワイマール憲法で社会権が保障された理由を，当時の社会の変化にふれて簡潔に書きなさい。

〔　　　　　　　　　　　　　　　　　　　　　　　　　　　　　　　　　　〕

② 【日本国憲法の制定】

次の表を見て，あとの各問いに答えなさい。

大日本帝国憲法		日本国憲法
君主が定める欽定憲法	形式	a　が定める民定憲法
b	主権者	a
①	国民の権利	②

(1)　　a　・　b　にあてはまる語句を，それぞれ書きなさい。

a〔　　　　　　　　　〕　b〔　　　　　　　　　〕

ミス注意 (2)　　①　・　②　にあてはまる文を，次のア～ウからそれぞれ選びなさい。

①〔　　　　〕　②〔　　　　〕

ア　誰もが生まれながらにもつ権利として保障される。

イ　一定の税金を納めた場合に権利を認められる。

ウ　法律の範囲内で権利を認められる。

3 【日本国憲法の基本原理】【平和主義】

次の各問いに答えなさい。

(1) 日本国憲法における天皇の仕事について，次の各問いに答えなさい。

① 天皇は，政治についての決定権をもたず，次のような仕事を行う。これを何といいますか。〔　　　　　　　　　　〕

・国会の指名に基づく内閣総理大臣の任命

・内閣の決定に基づく国会の召集

ミス注意 ② ①の仕事に助言と承認を与えるのはどこか。次のア～ウから1つ選びなさい。

ア　国会　　イ　内閣　　ウ　裁判所　　　　　　　　　　　　〔　　　　〕

✓よくでる (2) 次の日本国憲法の条文の（　a　）～（　c　）にあてはまる語句を書きなさい。

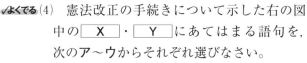

a〔　　　　　　　〕b〔　　　　　　　〕c〔　　　　　　　〕

第9条　①日本国民は，正義と秩序を基調とする国際平和を誠実に希求し，国権の発動たる（　a　）と，武力による威嚇又は武力の行使は，国際紛争を解決する手段としては，永久にこれを（　b　）する。

②前項の目的を達するため，陸海空軍その他の（　c　）は，これを保持しない。国の交戦権は，これを認めない。

(3) 平和主義を日本国憲法の基本原理の1つとする日本がかかげている，核兵器を「持たず，つくらず，持ちこませず」という原則を何といいますか。〔　　　　　　　　　　〕

✓よくでる (4) 憲法改正の手続きについて示した右の図中 X ・ Y にあてはまる語句を，次のア～ウからそれぞれ選びなさい。

X〔　　　　〕　　Y〔　　　　〕

ア　3分の2　　イ　4分の3

ウ　過半数

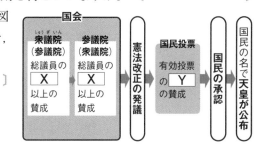

入試レベル問題に挑戦

4 【日本国憲法の制定】

右の図は，人の支配と法の支配を比較して示したものである。図を参考に，法の支配について述べた次の文中の □□□□□□□□ にあてはまる内容を，「国民」「権力」という語句を使って，簡潔に書きなさい。

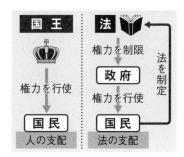

　国民の権利や自由を守る「法の支配」を実現するためには，□□□□□□□□することが必要である。

〔　　　　　　　　　　　　　　　　　　　　　　　　　〕

ヒント

　権力者（国王）を制限するものがない「人の支配」に対して，「法の支配」では権力者（政府）が何によって制限されているかを図から読み取る。

2 基本的人権(1)

攻略のコツ 法の下の平等，自由権の3つの分類，生存権は確実に押さえておく。

テストに出る！ 重要ポイント

● **基本的人権と個人の尊重**
◇ 基本的人権…平等権，自由権，社会権，参政権など。<u>個人の尊重</u>，<u>法の下の平等</u>に基づく。
└憲法第13条
└憲法第14条

● **平等権**
❶ **法の下の平等**…人種・信条・性別などで差別されない。
❷ **両性の本質的平等**…婚姻（結婚）は両性の合意のみで成立。
❸ 共生社会…**男女雇用機会均等法**，男女共同参画社会基本法，アイヌ施策推進法，**バリアフリー化**，障害者差別解消法。
└民族支援法

● **自由権**
❶ **精神の自由**…思想・良心，信教，集会・結社・表現，学問の自由。
└精神活動の自由
❷ **身体の自由**…奴隷的拘束や苦役からの自由，拷問などの禁止。
└生命・身体の自由
❸ **経済活動の自由**…居住や職業選択の自由，財産権の保障。
└不可侵

● **社会権**
❶ **生存権**…健康で文化的な最低限度の生活を営む権利。
└憲法第25条
❷ 教育を受ける権利，勤労の権利，<u>労働基本権</u>（団結権，団体交渉権，団体行動権）。
└労働三権

Step 1 基礎力チェック問題

解答▶ 別冊p.5

1 次の〔　　〕にあてはまるものを選ぶか，あてはまる語句を書きなさい。

☑(1) 基本的人権は，一人ひとりの個性を尊重し，かけがえのない個人として扱うという〔　　　　　　〕の原理に基づいて保障されている。

☑(2) すべての人は〔　　　　　　〕の下に平等であり，人種，性別，社会的身分などで差別されない。

☑(3) 〔　男女共同参画社会基本法　男女雇用機会均等法　〕は，職場の男女差別をなくすため，1985年に制定，86年に施行された。

☑(4) 不当な逮捕や拷問は〔　　　　　　〕の自由を侵害する。

☑(5) 自分の職業を自由に選び，働いて得た財産を生活のために自由に使うことは，〔　　　　　　〕の自由として保障されている。

☑(6) 〔　　　　　　〕は健康で文化的な最低限度の生活を営む権利である。

☑(7) 〔　　　　　　〕，団体交渉権，団体行動権を労働基本権という。

得点アップアドバイス

1 ....

確認 平等権

(2) 現実には偏見などに基づく多くの差別があり，一日も早くなくさなければならない。

ヒント 社会権の基礎

(6) 社会権の基礎となる権利。

2 【平等権】

次の①・②の文は，どのような人々への差別について説明したものですか。

- ☑ ① 1922年に全国水平社が結成されて以来，差別されてきた人々が自ら自由と平等を勝ち取るための運動を続け，1965年には同和対策審議会が「問題の早急な解決が国の責務であり国民の課題である」との答申を出した。〔　　　　　　　〕

- ☑ ② かつて日本の植民地だったために，日本に移住したり連れてこられたりした人々とその子孫への差別が根強く残っており，お互いの文化や人権を尊重する活動や交流が行われている。〔　　　　　　　〕

3 【自由権】

次の①～⑤の文は，右の表のア～ウのどれにあてはまりますか。

- ☑ ① 誰でも住む場所を自由に決められ，自由に移転することができる。〔　　　　〕

自由権	精神の自由………ア
	身体の自由………イ
	経済活動の自由…ウ

- ☑ ② 信仰は自由であり，誰も宗教的な行為を強制されない。〔　　　　〕

- ☑ ③ 誰でも自由に集会を開いて，自分の考えを発表することができる。〔　　　　〕

- ☑ ④ 現行犯を除き，裁判官の出す令状がなければ逮捕されず，正当な理由なしには抑留・拘禁されない。〔　　　　〕

- ☑ ⑤ 自分の好きな職業について働くことができる。〔　　　　〕

4 【社会権】

右の図を見て，次の各問いに答えなさい。

- ☑ (1) Xにあてはまる語句を書きなさい。〔　　　　　　〕

- ☑ (2) 生存権を保障するために整備されている社会保険，公的扶助，社会福祉などの制度を何といいますか。〔　　　　　　〕

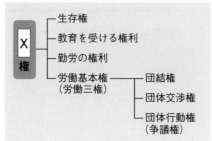

- ☑ (3) 教育を受ける権利を保障するため，無償となっている教育は何ですか。〔　　　　　　〕

- ☑ (4) 次の①・②の権利を何というか。図中から選んで書きなさい。
  - ① 労働組合が賃金その他の労働条件の改善を求めて，雇用者と交渉する権利。〔　　　　　　〕
  - ② 労働組合が要求を実現するために，ストライキなどをする権利。〔　　　　　　〕

2章／人間の尊重と日本国憲法

2　基本的人権(1)

得点アップアドバイス

2

✓確認 **続く差別**

① 江戸時代の差別された身分は明治時代になって廃止されたが，その後も就職，結婚などで差別は続いてきた。

3

↩注意 **居住・移転の自由**

① 身体の自由と間違えないように。かつては家柄や身分によって，職業や住むところに制限があった。

✓確認 **大日本帝国憲法**

③ 大日本帝国憲法下では，警察官が集会を監視し，政府や権力者への批判などを理由に逮捕されることもあった。

4

✓確認 **20世紀の権利**

(1) Xの権利は20世紀になって，ドイツのワイマール憲法で初めて保障された。

✓確認 **労働組合**

(4) 労働組合は，雇用者より立場の弱い労働者が，団結して生活を守るための組織。

1【基本的人権と個人の尊重】

次の①～④の文は，日本国憲法の基本的人権に関する条文，または条文の一部である。それぞれの条文中の＿＿にあてはまる語句を，あとのア～コからそれぞれ選びなさい。

① この憲法が国民に保障する基本的人権は，侵すことのできない＿＿の権利として，現在及び将来の国民に与へられる。（第11条）

② すべて国民は，＿＿として尊重される。（第13条）

✓よくでる ③ すべて国民は，＿＿に平等であって，人種，信条，性別，社会的身分又は門地により，政治的，経済的又は社会的関係において，差別されない。（第14条①）

④ 婚姻は，両性の＿＿のみに基いて成立し，夫婦が同等の権利を有することを基本として，相互の協力により，維持されなければならない。（第24条①）

①〔　　　〕　②〔　　　〕　③〔　　　〕　④〔　　　〕

ア 永久　　イ 尊厳　　ウ 法の下　　エ 個人　　オ 恒久

カ 効力　　キ 合意　　ク 主権者　　ケ 健康　　コ 義務

2【平等権】

次の各問いに答えなさい。

(1) 基本的人権は，すべての国民に平等に保障されなければならないものである。このことについて，差別問題を解消するために国が取り組んできたこととして誤っているものを，次のア～エから1つ選びなさい。〔　　　〕

　ア 障がい者福祉のために，国や地方公共団体が果たすべき責任を障害者基本法で定めた。

　イ 男女が，家庭生活を含めあらゆる分野で責任をともに担い協力する社会を目指して男女共同参画社会基本法を定めた。

　ウ 日本に定住しているが日本国籍を取得していない在日韓国・朝鮮人のために公職選挙法を改正し，国会議員選挙の選挙権を認めた。

　エ 国や地方公共団体に，差別解消のための積極的な対策を義務づける部落差別解消推進法を定めた。

(2) アイヌの人々について，次の各問いに答えなさい。

　① アイヌの人々の伝統文化と誇りを継承するために，1997年に制定された法律を何といいますか。〔　　　　　　〕

　② ①の法律に代わり，2019年には，アイヌ民族を法的に先住民族として位置づける法律が制定された。この法律を何といいますか。〔　　　　　　〕

思考 (3) 誰もが差別されない社会をつくるためには，生まれた場所や考え方などが自分と違う人に対してどのように接したらよいと考えられるか，簡潔に書きなさい。

〔

3 【自由権】【社会権】

次の各問いに答えなさい。

ミス注意 (1) 右の図の下線部ア〜エのうち，精神の自由と経済活動の自由にあてはまるものを，それぞれすべて選びなさい。

精神の自由 〔 　　　　　　　　　〕

経済活動の自由〔 　　　　　　　　　〕

(2) 現代の日本で保障されている人権のうち，日本国憲法が定める社会権にあてはまるものを，次のア〜エから1つ選びなさい。

〔 　　　　　　　　　〕

ア 公務員の行為によって損害を受けたので，賠償を請求する。

イ 賃金や労働時間について，経営者と団体で交渉する。

ウ 国や地方公共団体に自分たちの要望を伝える。

エ 国会議員を選ぶ選挙で投票する。

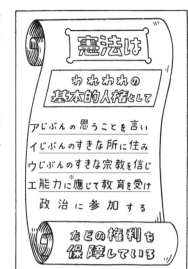

憲法は

われわれの 基本的人権として

ア じぶんの思うことを言い
イ じぶんのすきな所に住み
ウ じぶんのすきな宗教を信じ
エ 能力に応じて教育を受け

政治に参加する

などの権利を 保障している

(※應＝応)

✓よくでる (3) 次の日本国憲法の条文のa・bにあてはまる語句を答えなさい。また，この条文で定められた権利を何といいますか。

a〔 　　　　　　　〕 b〔 　　　　　　　〕 権利〔 　　　　　　　〕

第25条 ①すべて国民は，（ a ）で（ b ）的な最低限度の生活を営む権利を有する。

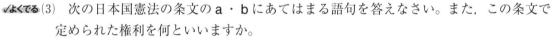

入試レベル問題に挑戦

4 【平等権】

次の写真は，ある公共施設の入り口を示したものである。写真を見て，どのようなバリアフリー化の配慮がされているか，「車椅子」の語句を使って簡潔に書きなさい。

(時事通信フォト)

[　　　　　　　　　　　　　　　　　　　　　　　　　　　]

ヒント

どのような人にとって，どういう利点があるかを考える。

3 基本的人権(2)

攻略のコツ 公共の福祉の内容を理解しておく。国民の義務は3つとも重要！

テストに出る！ 重要ポイント

● **人権を
守るための権利**
　❶ **参政権**…選挙権，被選挙権，憲法改正の国民投票権など。
　　　　　　　　　　　　　　　　ほかに最高裁判所裁判官の国民審査権など┘
　❷ **請求権**…基本的人権が侵害されたときに**救済**を求める権利。
　　裁判を受ける権利，国家賠償請求権，刑事補償請求権。

● **国民の義務**
　◇ 子どもに普通教育を受けさせる義務，勤労の義務，納税の義務。

● **人権と
公共の福祉**
　◇ 自由や人権は濫用してはならず，**公共の福祉**のために制限される。

● **新しい人権**
　❶ **環境権**…良好な環境で生活する権利。環境基本法。
　❷ **自己決定権**…個人が自分の生き方を自由に決定する権利。
　❸ **知る権利**…国などに情報の公開を要求する権利。
　❹ **プライバシーの権利**…私生活や個人の情報を守る権利。

● **国際社会と人権**
　❶ **世界人権宣言**…国際連合で採択。人権保障の国際的な模範。
　❷ **国際人権規約**…世界人権宣言を条約化したもの。
　❸ ほかに女子差別撤廃条約，子どもの権利条約など。
　　　　　　　　　　　　　　　（児童の権利に関する条約）

Step 1　基礎力チェック問題

解答▶ 別冊p.6

1 次の〔　〕にあてはまるものを選ぶか，あてはまる語句を書きなさい。

☑(1) 選挙権など，国民が政治に参加する権利を〔　　　　　　　〕という。

☑(2) 請求権には，〔　裁判を受ける権利　最高裁判所裁判官の国民審査権　〕が含まれる。

☑(3) 国民の義務は，子どもに普通教育を受けさせる義務，勤労の義務，〔　　　　　　　〕の義務の3つである。

☑(4) 健康で快適な環境で生活する権利を〔　　　　　　　〕という。

☑(5) 個人が自分の生き方や生活のしかたについて自由に決定する権利を，〔　プライバシーの権利　自己決定権　〕という。

☑(6) 第二次世界大戦後，国際連合は〔　　　　　　　〕を採択し，1966年には拘束力をもつ国際人権規約を採択した。

 得点アップアドバイス

1 ……………………

ヒント　国民の義務
(3) 税金を納める義務。

確認　新しい人権
(4)・(5) 産業の高度化や技術の進歩とともに登場した新しい人権で，日本国憲法には定められていない。

2 【人権を守るための権利】【人権と公共の福祉】【国際社会と人権】
次の各問いに答えなさい。

☑(1) 次の①〜③の際に，参政権に基づいて行われることは何ですか。

①〔　　　　　〕　②〔　　　　　　〕　③〔　　　　　　〕

　① 憲法改正を国会が発議したあと
　② 最高裁判所の裁判官が適任かどうかを審査するとき
　③ 特定の地方公共団体にだけ適用される法律を制定するとき

☑(2) 代表者として選挙に立候補して選ばれる権利を何といいますか。

〔　　　　　　　　〕

☑(3) 請求権について，次の①〜③の文の□□□にあてはまる語句を，あとのア〜エからそれぞれ選びなさい。

①〔　　　〕　②〔　　　〕　③〔　　　〕

　① 国が誤って国民に損害を与えた場合，国民には国に□□□を求める権利が認められている。
　② 人権を侵害された場合は，□□□に訴える権利がある。
　③ 裁判で無罪になった場合，それまで身柄を拘束されていたことに対して□□□を求める権利が認められている。
　　ア　補償　　イ　賠償　　ウ　国会　　エ　裁判所

☑(4) 他人の人権を侵害するような場合に，日本国憲法で定められている人権の制約を何といいますか。〔　　　　　　　〕

☑(5) 世界人権宣言や国際人権規約を採択した国際機関の名前を，漢字4字で書きなさい。〔　　　　　　　〕

3 【新しい人権】
次の①〜④の文は，新しい人権のうち，どの権利について述べたものか。あとのア〜エからそれぞれ選びなさい。

①〔　　　〕　②〔　　　〕　③〔　　　〕　④〔　　　〕

☑① 高度経済成長期に公害が深刻化したことから提唱された権利で，開発を行うときは事前に環境への影響を評価するための法律ができた。
☑② 国民が主権者として政治に参加するために認められた権利で，人々の請求に応じて行政の保有する情報が開示されるようになった。
☑③ 医療の分野では，患者が自分の受ける治療について十分な説明を受けて同意することが重要になっている。
☑④ 今日の情報社会では，個人の情報が本人の知らない間に収集され利用されることが多く，この権利の保障がますます重要になっている。
　　ア　知る権利　　イ　プライバシーの権利
　　ウ　環境権　　　エ　自己決定権

得点アップアドバイス

2

確認　憲法改正の手続き

(1)① 憲法改正の手続きは，国会が発議し，国民投票で国民の承認を得て天皇が公布する。

注意　補償と賠償

(3) 補償は損失を補って償うこと，賠償は与えた損害を償うこと。

確認　人権の制約

(4) 個人の人権の主張には，同時にほかの人の人権を守るという責任が伴う。

3

確認　環境基本法

① 現在では，環境保全のために国や地方公共団体などが果たす役割を定めた環境基本法が制定されている。

ヒント　患者の意思

③ インフォームド・コンセントのこと。自分の生き方を決める権利を尊重するものである。

---

1 【人権を守るための権利】

次の文を読んで，あとの各問いに答えなさい。

　日本国憲法では，人権を保障するための権利として，①国民が政治に参加する権利，②人権が侵害されたときに救済を求める権利が保障されている。

　国民が政治に参加する権利の中心となるのは，国会議員や都道府県知事などを選ぶ　　a　　権，国会議員などに立候補する　　b　　権である。そのほかに，重要なことがらについて国民が直接決定する制度として，　　c　　の国民投票や，　　d　　の国民審査，地方自治の特別法についての住民投票がある。

　また，人権が侵害されたときに救済を求める権利には，国家賠償請求権や刑事補償請求権がある。

(1) 下線部①・②の権利をそれぞれ何といいますか。

①〔　　　　　　　　　〕 ②〔　　　　　　　　　〕

✓よくでる(2) 　a　・　b　にあてはまる語句を，それぞれ書きなさい。

a〔　　　　　　　　　〕 b〔　　　　　　　　　〕

ミス注意(3) 　c　・　d　にあてはまる語句を，次のア～エからそれぞれ選びなさい。

c〔　　　　　　〕 d〔　　　　　　〕

　ア　条約改正　　イ　内閣総理大臣
　ウ　憲法改正　　エ　最高裁判所裁判官

(4) 次の文は，どんな権利に基づいて行われた裁判について説明したものか。上の文中から漢字7字で抜き出して書きなさい。

　◇　ウイルスの入った血液製剤の使用によってＣ型肝炎に感染した人々が，国と製薬会社に対して裁判を起こした結果，国と製薬会社の責任を認める判決が出された。

〔　　　　　　　　　　〕

---

2 【人権と公共の福祉】

右の資料を見て，次の各問いに答えなさい。

✓よくでる(1) 資料は，日本国憲法の第12条である。　　　　　にあてはまる語句を書きなさい。

〔　　　　　　　　　〕

(2) (1)によって人権が制限される例として誤っているものを，次のア～エから1つ選びなさい。

〔　　　　　　〕

　ア　医師の資格をもたない者は，病気の治療を行ってはいけない。

　イ　公務員は，労働条件の改善を求めてストライキをしてはいけない。

　ウ　インフルエンザに感染している生徒は，学校を休まなければいけない。

　エ　プロの歌手は，政治に関する意見を歌にして販売してはいけない。

第12条　この憲法が国民に保障する自由及び権利は，国民の不断の努力によつて，これを保持しなければならない。又，国民は，これを濫用してはならないのであつて，常に　　　　　のためにこれを利用する責任を負ふ。

3 【国民の義務】

次のA・Bの日本国憲法の条文について，□□□にあてはまる語句を書きなさい。ただし，Aの3つの□□□には同じ語句が入る。

A〔　　　　　　　〕　B〔　　　　　　　〕

A　①すべて国民は，法律の定めるところにより，その能力に応じて，ひとしく□□□を受ける権利を有する。

　　②すべて国民は，法律の定めるところにより，その保護する子女に普通□□□を受けさせる義務を負ふ。義務□□□は，これを無償とする。

ミス注意 B　①すべて国民は，□□□の権利を有し，義務を負ふ。

4 【国際社会と人権】

次の各問いに答えなさい。

(1) 1979年に国際連合で採択された条約で，日本は1985年にこれを批准する（確認し同意する）ときに男女雇用機会均等法を定めた。この国際条約を何といいますか。

〔　　　　　　　　　　〕

(2) 子どもも人権をもつことを確認し，18歳未満の子どもの生きる権利や意見を表明する権利などを定めた条約を何といいますか。

〔　　　　　　　　　　〕

(3) 1989年，人権擁護の立場から，国際連合で死刑廃止条約が採択されたが，2020年末現在，日本はこの条約を批准しているかどうか書きなさい。

〔　　　　　　　　　　〕

入試レベル問題に挑戦

思考 5 【新しい人権】

次の資料は，ある商店街で防犯カメラを設置する際に定められた設置基準の一部である。これを見て，ひろみさんがまとめたノートの　X　，　Y　にあてはまる内容を，それぞれ簡潔に書きなさい。ただし，　X　には「防止」の語句を，　Y　には最も関係の深い新しい人権の名称を使うこと。

・防犯カメラの撮影区域は，必要最小限度の範囲とする。

・防犯カメラを設置していることをわかりやすく表示する。

・画像データの保存期間は1か月とし，保存期間を経過した画像データは，迅速かつ確実に削除する。

〈ノート〉

　防犯カメラの設置には，　X　という目的があるが，その反面，　Y　おそれがあるため，厳格な設置基準を定める必要がある。

X〔　　　　　　　　　　〕

Y〔　　　　　　　　　　〕

定期テスト予想問題 ②

時間　50分
解答　別冊p.7

得点
／100

1 次の各問いに答えなさい。 【3点×4】

(1) 次の①～③の文の＿＿＿にあてはまる人名や語句を書きなさい。

　① イギリスでは17世紀に2度の革命が起こり，1689年に権利(の)章典が制定された。この国の思想家＿＿＿は専制政治を批判し，『統治二論』を著して議会が優位に立つ政治機構の必要性を説いた。

　② アメリカでは1775年に独立戦争が起こり，翌年，＿＿＿が出された。個人の生命や自由はすべての人に備わっている権利であることが初めて明記された。

　③ フランスでは1789年に革命が起こり，＿＿＿が出された。この国の思想家モンテスキューは，権力の濫用を防ぐために，権力を分立させるべきであると説いた。

(2) 世界共通の人権保障の基準として，1948年に国際連合で採択された宣言は何ですか。

(1)	①	②	③
(2)			

2 次の文を読んで，あとの各問いに答えなさい。 【(3)①は4点，他は3点×8】

　日本はポツダム宣言を受け入れると，連合国軍の占領を受け，マッカーサーを最高司令官とするGHQ（連合国軍最高司令官総司令部）によって，さまざまな民主化政策が進められた。その最も重要なものが，a大日本帝国憲法にかわって，新たに憲法を制定することであった。

　新たに制定されたb日本国憲法は，c国民主権，基本的人権の尊重，d平和主義の3つの基本原理を柱とし，そのe改正には慎重な手続きが定められている。

(1) 下線部aについて，次の各問いに答えなさい。

　① 大日本帝国憲法における主権者は誰か。

　② 右の絵は，大日本帝国憲法下の日本の様子を風刺したものである。この絵を見て，当時の状況を説明した次の文の＿＿＿にあてはまる語句を書きなさい。

(美術同人社)

　◇ 人権は法律によって制限され，政府を批判する政治活動や演説や書物の発表など，＿＿＿の自由が抑圧されていた。

(2) 下線部bについて，日本国憲法は，1946年11月3日に＿＿＿され，翌年5月3日に施行された。＿＿＿にあてはまる語句を書きなさい。

(3) 下線部cについて，次の各問いに答えなさい。

　① 国民主権とはどういう原理か。簡潔に説明しなさい。

　② 『社会契約論』を著し，国民主権（人民主権）を唱えたフランスの思想家は誰ですか。

(4) 下線部dについて，日本国憲法で平和主義を定めているのは第何条ですか。

(5) 下線部 e について，次の文中の　A　～　C　にあてはまる語句を，あとのア～カからそれぞれ選びなさい。

　　日本国憲法では，憲法を改正するには，衆議院と参議院の各議院において総議員の　A　の賛成で　B　が発議し，　C　で過半数の賛成が必要である。

ア　過半数　　イ　3分の2以上　　ウ　内閣　　エ　国会
オ　国民投票　カ　国民審査

(1) ①		②		(2)	
(3) ①				②	
(4)		(5) A	B	C	

3 次の，中学生のあいさんと先生の会話を読んで，あとの各問いに答えなさい。

【(5)は5点。他は3点×4】

先生：ₐ日本国憲法で保障された基本的人権とはどんな権利ですか。

あい：人が生まれながらにしてもっている権利で，自由権や平等権などがあります。

先生：そうですね。例えば，自由権には「経済活動の自由」があり，私が＿＿＿＿のも，この権利のおかげです。それから，経済活動が活発になり貧富の差が広がったことなどから20世紀になって生まれた権利もありますね。何といいますか。

あい：ᵦ社会権です。そのほか，人権を守るための権利もあります。昨日，駅前で署名活動をしている人たちがいました。꜀署名とともに国や地方公共団体に要望することも大切な権利です。

先生：よく勉強していますね。d身近な例について考えるのはよいことです。

(1) 下線部 a について，国の法の頂点に位置する日本国憲法は，国の何であると表現されるか。漢字4字で書きなさい。

(2) 文中の＿＿＿＿にあてはまる文として適切なものを，次のア～エから1つ選びなさい。
ア　趣味の小説を発表することができた　　イ　教育について深く学ぶことができた
ウ　キリスト教を信仰している　　　　　　エ　先生という職業を選ぶことができた

(3) 下線部 b について，社会権の基本となる「健康で文化的な最低限度の生活を営む権利」を何といいますか。

(4) 下線部 c について，この権利を何といいますか。

(5) 下線部 d について，次のようなマンションの規則は，どのような考え方をもとにつくられたと考えられるか。「権利」と「尊重」の語句を使って説明しなさい。

　　◎マンションAでは，住民が話し合いを行い，次のような規則を取り決めた。

ピアノを演奏してもよい。ただし，演奏できる時間は午前9時から午後9時までとする。

(1)		(2)	(3)		(4)	
(5)						

4 右の図を見て，次の各問いに答えなさい。

【(5)②は5点。(6)は6点。他は3点×6】

(1) 図中の**a**について，自由権の中でも，次の①・②のようなものをとくに何の自由といいますか。

① 裁判官の令状なしには逮捕されない。自白の強要は許されず，拷問は禁止されている。

② 自由にものを考え，思想や信仰をもち，自分の意見を発表することができる。

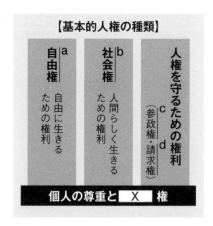

【基本的人権の種類】

自由権 a	社会権 b	人権を守るための権利
自由に生きるための権利	人間らしく生きるための権利	c 参政権 d 請求権

個人の尊重と　**X**　権

(2) 図中の**b**について述べた文として正しいものを，次のア～エから1つ選びなさい。

ア 日本国憲法が保障する社会権は，「生存権」，「労働基本権」，「裁判を受ける権利」，「教育を受ける権利」の4つである。

イ 社会権の一部は大日本帝国憲法でも定められていたが，軍部の戦争拡大政策によって財政面でいきづまり，憲法で定めた内容は実現しなかった。

ウ 生存権を保障するために整備された社会保障制度の1つに，介護を必要とする人々が支援を受けられる生活保護制度がある。

エ 自由権が国家の干渉を排除する権利であるのに対して，社会権は国家に対して積極的な施策を要求する権利である。

(3) 図中の**c**について，日本国憲法が保障している参政権として<u>あてはまらないもの</u>を，次のア～エから1つ選びなさい。

ア 憲法改正の国民投票を行う。

イ 国会議員の秘書として働く。

ウ 最高裁判所裁判官の国民審査を行う。

エ 地方議会議員の選挙で投票する。

(4) 図中の**d**について，右の表は，無実の罪で有罪となるえん罪事件について，拘束日数と補償金額を示したものである。この補償金は，請求権のうちのどんな権利に基づいたものですか。

事件名	拘束日数	補償金額
免田事件	12599日	9071万2800円
松山事件	10440日	7516万8000円
島田事件	12668日	1億1907万9200円

(5) 図中の　**X**　について，次の各問いに答えなさい。

① **X**　にあてはまる語句を書きなさい。

② 次の**資料Ⅰ，Ⅱ**は，日本とスウェーデンの女性の働き方を比較したものである。これを見て，男女共同参画社会の実現には，日本の国や企業はどのような環境づくりが必要と考えられるか。日本の女性の働き方の特徴をふまえて書きなさい。

資料Ⅰ **6歳未満児のいる夫婦の家事・育児時間**

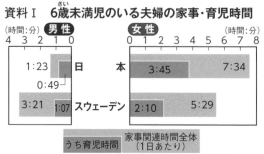

（「平成28年社会生活基本調査結果」＜総務省統計局＞ほか）

資料Ⅱ **年齢別女性の働いている割合**

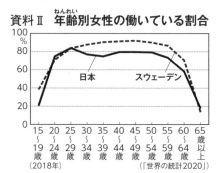

（2018年）　（「世界の統計2020」）

30

(6) 日本国憲法では，自由および権利は濫用（らんよう）してはならず，常に「公共の福祉（ふくし）」のために利用しなければならないとしている。「公共の福祉」のもとで，人権が制限されている例をあげ，それがどのような権利を制限しているか，簡潔（かんけつ）に説明しなさい。

(1) ①		②		(2)		(3)	

(4)			(5) ①	

(5) ②

(6)

---

5 次の資料を見て，あとの各問いに答えなさい。

【(1)①は5点。他は3点×3】

資料Ⅰ

（時事通信フォト）

資料Ⅱ

〔(公社)日本臓器移植ネットワーク〕

資料Ⅲ

　Aさんが書いた小説に対して，Bさんは「この小説には私の私生活が断りもなく描（えが）かれている」として　a　を主張し，Aさんに文章の削除を求めた。これに対して，Aさんは「私が小説で伝えたいことを十分に伝えられなくなってしまう」として　b　を主張し，文章の削除（さくじょ）を拒否（きょひ）した。

(1) **資料Ⅰ**について，次の各問いに答えなさい。
　① 高いビルやマンションの上部がななめになっているのはなぜですか。
　② ①のような建物が建てられる根拠（こんきょ）となっている新しい人権は何ですか。

(2) **資料Ⅱ**について，このカードは新しい人権のうちのどんな権利を尊重してつくられたものですか。

(3) **資料Ⅲ**について，文中の　a　・　b　にあてはまる語句の組み合わせを，次の**ア～エ**から1つ選びなさい。
　ア a－プライバシーの権利　　b－表現の自由
　イ a－プライバシーの権利　　b－身体の自由
　ウ a－身体の自由　　b－表現の自由
　エ a－表現の自由　　b－身体の自由

(1) ①		②

(2)		(3)	

1 民主政治と選挙，政党

🔗 リンク
ニューコース参考書
中学公民
p.94〜100

攻略のコツ 選挙の4原則や比例代表制のしくみ，一票の格差がよく問われる！

テストに出る！ 重要ポイント

● **民主政治**

◇ **間接民主制**（議会制民主主義，代議制）…国民が代表者を選挙で選び，代表者が議会などで話し合うしくみ。

● **日本の選挙制度と課題**

❶ 選挙の4原則
◇ **普通選挙**…一定年齢(ねんれい)以上のすべての国民が選挙権をもつ。
◇ **秘密選挙**…無記名で投票する。
◇ **平等選挙**…一人一票で，投票の価値は平等。
◇ **直接選挙**…選挙人は，直接に候補者に投票する。

❷ 日本の選挙制度…選挙権は満18歳(さい)以上の国民。
◇ 衆議院議員選挙…**小選挙区比例代表並立制**。
　　　　　　　　　└1つの選挙区から1人の代表を選ぶ
◇ 参議院議員選挙…選挙区制と比例代表制。
　　　　　　　　　　　　　　└政党に投票する
❸ 課題…棄権(きけん)の増加。一票の価値が不平等（**一票の格差**）。

● **世論(せろん)(よろん)と政党**

❶ **世論**…政治や社会についての，国民の多くの意見。マスメディアにより形成。情報を正しく読み取るメディアリテラシー。

❷ **政党**…同じ考えをもつ人が政策を実現するためにつくる団体。政権を担当する**与党(よとう)**と，それ以外の**野党**に分類される。

Step 1　基礎力チェック問題

解答 別冊p.8

1 次の〔　〕にあてはまるものを選ぶか，あてはまる語句を書きなさい。

☑ (1) 〔　　　　　　　〕は，国民や住民が代表者を選び，代表者が集まって議会で話し合って政治を行うやり方である。

☑ (2) 選挙の4原則は，〔　　　　　　〕，秘密選挙，平等選挙，直接選挙である。

☑ (3) 政党の得票率（数）に応じて議席を配分する選挙制度を〔 比例代表制　小選挙区制 〕という。

☑ (4) 衆議院議員の選挙制度は，小選挙区制と比例代表制を組み合わせた方式で行われており，これを〔　　　　　　　　〕という。

☑ (5) マスメディアの情報を正しく読み取る能力を〔　　　　　　〕という。

☑ (6) 内閣を組織する政党を〔　　　　　　〕という。

📝 得点アップアドバイス

1

ヒント　民主政治

(1) 国民や住民が直接，政治に参加するやり方は直接民主制という。

注意　納税額と選挙

(2) かつての日本では納税額などの制限がある選挙であったが，1925年にこの制限がなくなった。ただし，選挙権は男子のみにあり，1945年までこの状態が続いた。

2 【民主政治】【日本の選挙制度と課題】
次の文を読んで，あとの各問いに答えなさい。

　民主政治の実現のためには，国民が意思を表明したり，政治に参加したりするしくみが必要である。スイスの一部の州などでは，_a人々が集まって討議し，挙手によってものごとを決めているが，人口が多いとそれは無理である。日本では，代表者を_b選挙で選び，代表者が国会や議会で話し合って決めるやり方をとっている。

☑ (1) 下線部aについて，このような政治のしくみを何といいますか。
〔　　　　　　　　　〕

☑ (2) 下線部bについて，次の各問いに答えなさい。
　① 日本では，満何歳以上の人々に選挙権が与（あた）えられているか。数字を書きなさい。〔満　　　　歳〕
　② 選挙の4原則のうち，次のア・イを何といいますか。
　　ア 一人が一票を投票する。〔　　　　　　　　〕
　　イ 無記名で投票する。〔　　　　　　　　〕
　③ 右の図中のX・Yは，日本の選挙制度を示している。X・Yにあてはまる選挙制度をそれぞれ答えなさい。
　　　　X〔　　　　　　　〕
　　　　Y〔　　　　　　　〕

X
当 A党　B党　C党
得票数
（最多得票の1人が当選）

Y
得票数
当 A党
当 B党
（得票率（数）によって議席数が決まる）

　④ 参議院議員の選挙は，右の図のYと，選挙区制で行われている。この選挙区の単位を，次のア〜ウから1つ選びなさい。〔　　　〕
　　ア 全国　イ 都道府県　ウ 市(区)町村
　⑤ 現在の日本の選挙制度がかかえている問題点として，一票の価値が（　ア　）であることや，選挙に行かない（　イ　）が多いことなどがある。（　ア　）・（　イ　）にあてはまる語句をそれぞれ答えなさい。　ア〔　　　　　　　〕イ〔　　　　　　　〕

3 【世論と政党】
右の図を見て，次の問いに答えなさい。

☑ ◇ 図中のX・Yにあてはまる文を次のア〜ウからそれぞれ選びなさい。
　ア 政権を担当する。
　イ 政権を監視（かんし）・批判（ひはん）する。
　ウ 政権を担当する政党を支援（しえん）する。
　　　　X〔　　　〕Y〔　　　〕

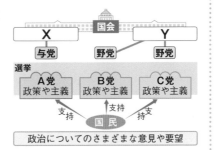

国会
X　Y
与党　野党　野党
選挙
A党 政策や主義　B党 政策や主義　C党 政策や主義
支持　支持　支持
国民
政治についてのさまざまな意見や要望

得点アップアドバイス

2

注意 選挙権年齢
(2)① 選挙権の年齢は，2016年の選挙から現在の年齢となった。

確認 ドント式
(2)③ Yは政党の得票数に応じて議席を配分するしくみで，ドント式で行われる。この方式は，政党の得票数を，1, 2, 3…と順に割り，得られた値（＝商）を大きいほうから順に議席定数になるまで選んでいくものである。

ヒント 一票の格差
(2)⑤ ア選挙区によって，議員1人を当選させるために必要な票数が異なることで生じる。

3

確認 政党政治
　このように政党を中心に政治が運営されることを，政党政治という。アメリカやイギリスは2つの大きな政党がほとんどの議席を占める二党制（二大政党制），日本は主要な政党が3つ以上ある多党制である。

1 【民主政治】【日本の選挙制度と課題】

次の文を読んで，あとの各問いに答えなさい。

　日本の _a国会は，衆議院と参議院という二院制を採用しているが，この両議院にはさまざまな相違点がある。_b選挙制度もその１つである。衆議院議員の任期は４年であるが，解散があるため，必ずしも４年に１度選挙があるというわけではない。しかし，参議院には解散がなく，_c選挙は定期的に行われる。選挙の方法も異なっている。衆議院では，かつて各選挙区から３～５名の議員を選出する中選挙区制という制度が採用されていたが，1994年に１つの選挙区から１人を選ぶ⬚⬚⬚⬚制と比例代表制を組み合わせた制度が新しく導入された。参議院の場合は，１つまたは２つの都道府県を選挙区とする選挙区選出の議員と _d比例代表制によって選出された議員とがいる。

✔よくでる(1)　文中の⬚⬚⬚にあてはまる語句を書きなさい。

〔　　　　　　　　　〕

(2)　下線部ａについて，次の各問いに答えなさい。

①　国会など，選挙で選ばれた代表者による議会で，ものごとを話し合って決める政治のやり方を何といいますか。〔　　　　　　　　　〕

②　①のやり方で話し合っても意見が一致しない場合，どのような原理にしたがって決定することが一般的ですか。〔　　　　　　　　　〕

(3)　下線部ｂについて，次の各問いに答えなさい。

ミス注意①　日本の選挙の原則について述べた文として正しいものを，次のア～エから２つ選びなさい。〔　　　〕〔　　　〕

　ア　選挙権は年齢や収入によって制限される。

　イ　投票の秘密を守るため，投票者の氏名は投票用紙に記入しない。

　ウ　すべての有権者に被選挙権が与えられている。

　エ　選挙区ごとの有権者数にかたよりがあっても，投票は一人一票である。

思考②　右の**資料**から読み取れる選挙制度の問題点を，「選挙区」の語句を使って15字以上20字以内で書きなさい。

資料　２県の選挙区選挙の有権者数と議員定数

選挙区	A	B
有権者数	7,651,249人	646,976人
議員定数	8人	2人

（総務省資料）

[　　　　　　　　　　　　　　　　　　　　]

(4)　下線部ｃについて，参議院議員の選挙について述べた文として正しいものを，次のア～エから１つ選びなさい。〔　　　　　〕

　ア　任期は４年で，２年ごとに半数が改選される。

　イ　任期は４年で，選挙は４年に１度行われる。

　ウ　任期は６年で，３年ごとに半数が改選される。

　エ　任期は６年で，選挙は６年に１度行われる。

√よくでる (5)　下線部dについて，比例代表制の選挙で各政党が下のような得票数であったとき，各政党の獲得議席数を答えなさい。ただし，定数は10名とし，各政党とも5名の候補者を立てているものとする。

A党…10000票　　　B党…6000票　　　C党…2200票　　　D党…8000票

A党〔　　　　　　　〕　　B党〔　　　　　　　〕
C党〔　　　　　　　〕　　D党〔　　　　　　　〕

2 【世論と政党】

世論や政党について述べた，次の(1)～(3)のX・Yの文の正誤を判断し，X・Yともに正しければア，Xのみが正しければイ，Yのみが正しければウ，X・Yともに誤りであればエを答えなさい。

(1)〔　　　　〕　(2)〔　　　　〕　(3)〔　　　　〕

(1)　X　世論は，テレビや新聞などの利益団体(圧力団体)を通じて形成される。

Y　メディアリテラシーを身につけ，さまざまな情報をよく吟味する必要がある。

ミス注意 (2)　X　政党には，国民のさまざまな意見を集めて，政治に反映させるはたらきがある。

Y　政権を担当している政党を野党，それ以外の政党を与党という。

(3)　X　複数の政党によってつくられた政権を連立政権(連立内閣)という。

Y　政党政治には，二党制(二大政党制)や多党制などがある。

入試レベル問題に挑戦

思考 3 【日本の選挙制度と課題】

右の資料Ⅰ，Ⅱは，2017年に行われた第48回衆議院議員総選挙についてまとめたものである。資料Ⅰ，Ⅱを見て，次の各問いに答えなさい。

(1)　資料Ⅰ，Ⅱから読み取れる，選挙における若い世代(18～39歳)の問題点を，それぞれ簡潔に書きなさい。

資料Ⅰ〔　　　　　　　　　　　　　　　〕

資料Ⅱ〔　　　　　　　　　　　　　　　〕

(2)　(1)から考えられる，若い世代の政治上の課題を，「反映」の語句を使って，簡潔に書きなさい。

〔　　　　　　　　　　　　　　　〕

資料Ⅰ　年代別の有権者数

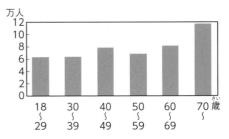

資料Ⅱ　年代別投票率

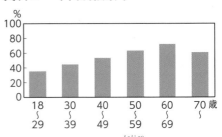

※資料Ⅰ，Ⅱとも188選挙区を抽出して調査した数値。

(資料Ⅰ，Ⅱとも総務省資料)

ヒント

(2)　資料Ⅰ，Ⅱから読み取ったことをもとに，若い世代の意見が政治にどの程度の影響を与えることができるかを考える。

2 国会のしくみと仕事

攻略のコツ 衆議院と参議院の違いや衆議院の優越は必ず押さえておこう！

テストに出る！ **重要ポイント**

● **国会の地位と
その種類**

❶ 国会の地位…**国権の最高機関，国の唯一の立法機関。**

❷ **二院制**…**衆議院**と**参議院**で構成。慎重な審議を行う。
└**両院制**

❸ 国会の種類

◇**常会**（通常国会）…毎年1回, 1月中に召集。次年度予算を議決。

◇**特別会**（特別国会）…衆議院の解散・総選挙後に召集。内
閣総理大臣の指名を行う。

◇そのほか, **臨時会**（臨時国会）, 参議院の緊急集会。

● **国会の運営と
衆議院の優越**

❶ 審議過程…委員会⇒（**公聴会**）⇒本会議。両院協議会。

❷ **衆議院の優越**…法律案・予算の議決, 内閣総理大臣の指名
など。衆議院は任期が短く解散があり, 国民の意思をより強
く反映しやすいため。

● **国会の仕事**

◇ **法律の制定**, **予算の議決**, **内閣総理大臣の指名**, 条約の
承認, 憲法改正の発議, 裁判官の**弾劾裁判**, **国政調査権**など。

Step 1 基礎力チェック問題

解答 別冊p.9

1 次の〔　　〕にあてはまるものを選ぶか, あてはまる語句を書き
なさい。

☑ (1) 日本国憲法は, 国会について「〔　　　　　　　　　〕の最高機関で,
国の唯一の〔　　　　　　　　　〕機関」と定めている。

☑ (2) 国会は, 衆議院と参議院で構成される〔　　　　　　　　　〕である。

☑ (3) 毎年1月中に召集され, 会期は150日間で, 延長は1回だけできる
国会は, 〔 特別会（特別国会） 常会（通常国会） 〕である。

☑ (4) 法律案で, 衆議院と参議院が異なる議決をしたときは, 衆議院で出席
議員の〔 3分の2 4分の3 〕以上の多数で再可決すれば成立する。

☑ (5) 予算の議決で衆議院と参議院が異なる議決をしたときは, 意見の調
整のため〔　　　　　　　　　〕を開き, それでも一致しなければ, 衆
議院の議決が国会の議決となる。

☑ (6) 国会は, 〔　　　　　　　　　〕裁判所を設けて, やめさせるように訴
えられた裁判官について裁判する。

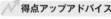

得点アップアドバイス

1

確認 二つの院

(2) 審議をより慎重に行
うための制度である。

ヒント 国会の種類

(3) 4月からの新年度に
備えて, 予算の審議・議
決が行われる。

2 【国会の地位とその種類】【国会の運営と衆議院の優越】【国会の仕事】
次の各問いに答えなさい。

得点アップアドバイス

☑ (1) 右の表中の **a 〜 d** にあてはまる
数字を，あとの**ア〜カ**からそれぞ
れ選びなさい。

　　　　a 〔　　　　〕 b 〔　　　　〕
　　　　c 〔　　　　〕 d 〔　　　　〕
　　ア　3　　イ　4　　ウ　6
　　エ　20　　オ　25　　カ　30

衆議院		参議院
465名	議員数	248名
a 年 （ X が ある）	任期	b 年 （3年ごとに 半数を改選）
満 c 歳以上	被選挙権	満 d 歳以上

☑ (2) 右の表中の **X** について，次の各問いに答えなさい。
　① **X** には，衆議院議員全員が任期途中で議員の地位を失うという意
　　味の語句が入る。これを何といいますか。
　　　　　　　　　　　　　　　　　　　　　　　　　〔　　　　　　　　　〕
　② **X** があることによって，衆議院は参議院よりも国民の意思をより
　　反映しやすいと考えられている。そのため，衆議院に参議院よりも
　　強い権限が与えられていることを何といいますか。
　　　　　　　　　　　　　　　　　　　　　　　　　〔　　　　　　　　　〕

☑ (3) 国会の種類について，次の①〜③にあてはまるものを，それぞれ答
えなさい。
　① 次年度の予算の審議が中心となる国会。　〔　　　　　　　　　〕
　② 内閣総理大臣の指名が最初に行われる国会。〔　　　　　　　　　〕
　③ 衆議院の解散中に，参議院で開かれる集会。〔　　　　　　　　　〕

☑ (4) 国会の仕事や運営について，
右の図を見て次の各問いに答え
なさい。
　① 図中の **a・b** にあてはまる
　　会議の名前を，それぞれ答え
　　なさい。
　　　　a 〔　　　　　　　　〕
　　　　b 〔　　　　　　　　〕

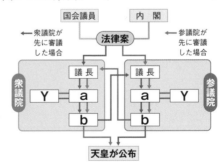

　② 図のように，法律案はどちらの議院に先に提出してもよいが，予
　　算は必ずどちらかの議院に先に提出しなければならない。どちらの
　　議院か答えなさい。　　　　　　　　　　　　〔　　　　　　　　　〕
　③ 図中の **Y** には，国会での審議の際に開かれることがある，利害関
　　係をもつ人や学識経験者などから意見を聞く会議があてはまる。こ
　　れを何といいますか。　　　　　　　　　　　〔　　　　　　　　　〕

☑ (5) 次の**ア〜エ**のうち，国会の仕事を1つ選びなさい。
　　　　　　　　　　　　　　　　　　　　　　　〔　　　　　　　　　〕

　ア　条約の締結　　　イ　行政の指揮・監督
　ウ　国政調査権の行使　エ　国事行為への助言と承認

ヒント　国会議員の任期
(1) 衆議院は参議院より
任期が短い。

確認　衆議院の強い権限
(2)② 衆議院は参議院よ
りも任期が短いうえ，**X**
が行われれば，衆議院議
員の任期が途中で終わ
り，新たに行われる選挙
によって国民の意思を問
うことができるためであ
る。

ヒント　国会の種類
(3) 常会（通常国会）・
特別会（特別国会）・臨
時会（臨時国会）と緊急
集会がある。

3章／現代の民主政治と社会

2 国会のしくみと仕事

解答 別冊p.9

1 【国会の地位とその種類】【国会の仕事】
次の文を読んで，あとの各問いに答えなさい。

　日本をはじめ多くの国は，国民が代表者を選び，その代表者によって議会を構成して政治を行う間接民主制をとっている。日本では，日本国憲法が（　①　）主権の原理に基づき，a国会を「全国民を代表する選挙された議員でこれを組織する」（第43条）と定めている。また，国民の代表機関である国会を（　②　）の最高機関と位置づけ，国会だけが，政治や国民生活の重要なルールであるb法律を制定し，廃止することができる権限をもつべきであるという考えから，国会を国の唯一の（　③　）機関としている。

✓よくでる (1)　文中の（　①　）～（　③　）にあてはまる語句をそれぞれ漢字2字で書きなさい。
①〔　　　　　　　　〕　②〔　　　　　　　　〕　③〔　　　　　　　　〕

(2)　下線部aについて，次の各問いに答えなさい。
　①　国会に衆議院と参議院の2つの院が置かれていることを何といいますか。
〔　　　　　　　　〕

　②　①の制度がとられている理由を，「審議」「行き過ぎ」の語句を使って簡潔に書きなさい。
〔　　　　　　　　　　　　　　　　　　　　　　　　　　　　　　　　　〕

ミス注意 (3)　下線部bの法律の制定について述べた文として誤っているものを，次のア～エから1つ選びなさい。〔　　　　〕
　ア　国会に法律案を提出できるのは，内閣と国会議員である。
　イ　法律案は，衆議院に先に提出しても参議院に先に提出してもよい。
　ウ　提出された法律案はまず本会議で審議され，次に委員会に送られる。
　エ　法律案が両院で可決され成立すると，天皇が公布する。

2 【国会の地位とその種類】【国会の運営と衆議院の優越】
衆議院と参議院について，次の各問いに答えなさい。

(1)　次のア～カのうち，衆議院にあてはまるものにはA，参議院にあてはまるものにはB，どちらにもあてはまらないものには×を，それぞれ書きなさい。
　ア　議員数は，400人である。　　　　　　　　　　　　　　　　〔　　　〕
　イ　被選挙権は，満30歳以上である。　　　　　　　　　　　　〔　　　〕
　ウ　議員の任期は，6年である。　　　　　　　　　　　　　　　〔　　　〕
　エ　任期の途中で，解散されることがある。　　　　　　　　　　〔　　　〕
　オ　選挙は，すべて選挙区制である。　　　　　　　　　　　　　〔　　　〕
　カ　選挙は，小選挙区比例代表並立制である。　　　　　　　　　〔　　　〕

(2)　衆議院の優越について，次の各問いに答えなさい。
　①　参議院が衆議院の可決した予算を受け取ったあと，何日以内に議決しないときに，衆議院の可決した予算が成立するか。数字で答えなさい。
〔　　　　　　　日〕

✓よくでる　② 衆議院の優越が認められている理由を，参議院との違い（ちが）にふれながら簡潔に説明しなさい。

〔　　　　　　　　　　　　　　　　　　　　　　　　　　　　〕

3 【国会の地位とその種類】【国会の仕事】

次の各問いに答えなさい。

(1) 国会の種類のうち，次の文にあてはまるものを書きなさい。

　　内閣が必要と認めたとき，または，どちらかの議院の総議員の4分の1以上の要求があったときに召集（しょうしゅう）される。　　　　　　　〔　　　　　　〕

(2) 国会の仕事について述べた次の①〜③の文中の（　　　）にあてはまる語句を，それぞれ書きなさい。

　　① 内閣が外国と結んだ（　　　）を承認（しょうにん）する。　　〔　　　　　〕

　　② （　　　）を発議する。　　　　　　　　　　　　　　〔　　　　　〕

　　③ やめさせるように訴（うった）えられた（　　　）について裁判する。〔　　　　　〕

(3) 予算の議決について，次の各問いに答えなさい。

　　① 予算について述べた文として誤（あやま）っているものを，次のア〜エから1つ選びなさい。

　　　ア 予算は，衆議院と参議院のどちらに先に提出してもよい。　　〔　　　〕

　　　イ 予算は，内閣が作成する。

　　　ウ 予算は，予算委員会で審議され，本会議に提出される。

　　　エ 国会は予算が正しく執行（しっこう）されたかという観点から決算を審議する。

✓よくでる　② 予算の審議や重要な法律案の審議の際に開かれる，学識経験者や利害関係のある人を呼んで意見を聞くための会を何といいますか。　〔　　　　　〕

(4) 衆議院と参議院が異なる議決をした場合，意見の調整のために開かれることがある，両院からそれぞれ10人ずつの議員で組織される会を何といいますか。

〔　　　　　　　　　〕

入試レベル問題に挑戦

思考 4 【国会の運営と衆議院の優越】

内閣総理大臣の指名選挙が次のような結果になった場合，指名される国会議員は誰（だれ）か。X〜Zから1人選び，その理由を簡潔に書きなさい。ただし，両院協議会では意見が一致（いっち）しなかったものとする。

内閣総理大臣指名選挙の得票数

国会議員	X	Y	Z
衆議院	125	311	29
参議院	150	58	40

指名される人〔　　　〕

理由

〔　　　　　　　　　　　　　　　　　　　　　　　　　　　　〕

ヒント

内閣総理大臣の指名の場合，衆議院の優越はどのようになっていたかを考えよう。

39

3 内閣のしくみと仕事

リンク
ニューコース参考書
中学公民
p.112～117

攻略のコツ 内閣総理大臣と国務大臣の資格や，議院内閣制のしくみは必ず出る！

テストに出る！重要ポイント

● **内閣のしくみと議院内閣制**
- ❶ **内閣**…国会が決めた予算や法律に基づいて政治を行う（**行政**）。
  - ◇**内閣総理大臣（首相）**…内閣の長で行政全体を指揮・監督。
    - └─国会議員の中から国会が指名
  - ◇**国務大臣**…行政の仕事を分担。過半数は国会議員。
  - ◇**閣議**…全会一致の会議で，内閣の仕事の方針を決定。
- ❷ **議院内閣制**…内閣が国会の信任に基づいて成立し，国会に対して**連帯して責任を負う**しくみ。
  - ◇衆議院が内閣不信任決議を可決→内閣は，**10日以内**に衆議院を解散するか**総辞職**しなければならない。

● **内閣の仕事**
- ◇ **法律の執行**，**予算の作成**，**条約の締結**，**政令の制定**，**最高裁判所長官の指名**，天皇の**国事行為**への助言と承認など。

● **行政とその課題**
- ❶ 行政権の拡大に対し，**行政改革**，**規制緩和**などを行う。
- ❷ **公務員**…国家公務員と地方公務員。**全体の奉仕者**。

Step 1 基礎力チェック問題

解答▶ 別冊p.10

1 次の〔　〕にあてはまるものを選ぶか，あてはまる語句を書きなさい。

☑ (1) 内閣は，内閣総理大臣とその他の〔　　　　　　　〕で組織され，ともに文民でなければならない。

☑ (2) 〔　　　　　　　〕では，全会一致で内閣の仕事の方針を決定する。

☑ (3) 内閣が国会の信任に基づいて成立し，国会に対して連帯して責任を負うしくみを〔　　　　　　　〕という。

☑ (4) 内閣は，天皇の〔　　　　　　　〕に対して，助言と承認を与える。

☑ (5) 内閣は，法律や予算を執行し，必要に応じて〔　　　　　　　〕という内閣の命令を定めることができる。

☑ (6) 行政の効率を高め，行政の仕事の見直しをする目的で，中央省庁再編や許認可権の見直しなどが行われることを〔　　　　　　　〕という。

☑ (7) 国や地方公共団体が民間企業に対して出す許認可権を見直して，経済活動の活性化を図る〔　　　　　　　〕が進められている。

☑ (8) 公務員は，〔　一部　全体　〕の奉仕者でなければならない。

得点アップアドバイス

1

注意 内閣と国会の関係

(3) 内閣総理大臣は国会議員の中から選ばれ，国務大臣の過半数は国会議員でなければならない。

確認 許可や認可の緩和

(7) 行政が介入する範囲が広がり過ぎると，民間の自由な経済活動が妨げられることがある。

40

2 【内閣のしくみと議院内閣制】
次の各問いに答えなさい。

☑(1) 国会で決まった法律や予算に基づいて，国の立場から実際に仕事を行うことを何といいますか。

〔　　　　　　　　〕

☑(2) 内閣と国会の関係について示した右の図を見て，次の各問いに答えなさい。

① Xにあてはまる語句を，次のア～ウから1つ選びなさい。〔　　〕

ア　3分の2以上　　イ　過半数　　ウ　4分の3以上

② Yにあてはまる語句を書きなさい。　　　　〔　　　　　　　　〕

③ Yについて，次の文の（　ア　）・（　イ　）にあてはまる数字や語句を，それぞれ書きなさい。

ア〔　　　　　　〕　イ〔　　　　　　〕

衆議院で内閣不信任の決議が可決されると，内閣は（　ア　）日以内に衆議院を[　Y　]しない限り，（　イ　）しなければならない。

注意 **特別会**

(2)③　衆議院の[　Y　]後，40日以内に総選挙が行われ，総選挙後，30日以内に特別会（特別国会）が召集される。特別会召集当日に内閣は総辞職するため，新しい内閣総理大臣が指名される。

3 【内閣の仕事】【行政とその課題】
次の各問いに答えなさい。

☑(1) 内閣の仕事を，次のア～エから1つ選びなさい。　　　〔　　〕

ア　憲法改正の発議　　イ　条約の締結
ウ　弾劾裁判　　　　　エ　違憲立法の審査

☑(2) 内閣の下にある主な行政機関のうち，次の①～④にあてはまる省庁を，それぞれ答えなさい。

① 内閣の政策方針の企画立案を助ける仕事を行う総合調整機関。
〔　　　　　　　　〕

② 検察や国籍，人権擁護などに関する事務を行う省。
〔　　　　　　　　〕

③ 社会保障や医療，雇用の創出や安定などを担当する省。
〔　　　　　　　　〕

④ 自衛隊の仕事を統括する省。2007年に，庁から省に昇格した。
〔　　　　　　　　〕

確認 **行政機関**

(2)①　2001年の中央省庁再編によってつくられた。近年，新たに消費者庁，復興庁（2030年度末まで）などが設置された。

☑(3) 行政の効率化の試みとしてあてはまらないものを，次のア～ウから1つ選びなさい。　　　〔　　〕

ア　郵政民営化　　イ　消費税率の引き上げ　　ウ　公務員の削減

確認 **小さな政府**

(3)　「小さな政府」は，税金など国民の負担は軽いが行政サービスの水準が低い。いっぽう，国民の負担は重いが行政サービスが手厚い政府を「大きな政府」という。

1 【内閣のしくみと議院内閣制】

次の文A・Bを読んで，あとの各問いに答えなさい。

A　内閣は，a内閣総理大臣およびその他の国務大臣で組織され，国会で制定された法律や議決された予算に基づいて行政を行う。

B　b議院内閣制を採用している日本では，衆議院は c内閣の不信任決議を行うことができる。

✓よくでる (1)　下線部aについて，内閣総理大臣とその他の国務大臣について定めた次の日本国憲法の条文中の（　①　）〜（　③　）にあてはまる語句を，それぞれ書きなさい。

①〔　　　　　　　〕②〔　　　　　　　〕③〔　　　　　　　〕

第66条2項　内閣総理大臣その他の国務大臣は，（　①　）でなければならない。

第68条1項　内閣総理大臣は，国務大臣を任命する。但し，その過半数は，（　②　）の中から選ばれなければならない。

　　　　2項　内閣総理大臣は，任意に国務大臣を（　③　）することができる。

(2)　下線部bについて，次の各問いに答えなさい。

①　議院内閣制とはどんな制度か，「信任」「責任」の語句を使って簡潔に書きなさい。
〔　　　　　　　　　　　　　　　　　　　　　　　　　　　　　　　　〕

②　日本と同じような議院内閣制を採用している国を，次のア〜エから1つ選びなさい。
ア　中国　　イ　韓国　　ウ　フランス　　エ　イギリス　　〔　　　　　〕

ミス注意 (3)　下線部cについて，次の各問いに答えなさい。

①　衆議院で内閣不信任案が可決され，10日以内に衆議院が解散されたとき，その後に行われることがらの順序として正しいものを，次のア〜エから1つ選びなさい。
〔　　　　　〕

ア　国会の召集→内閣総理大臣の指名→内閣の総辞職→衆議院議員の総選挙

イ　衆議院議員の総選挙→内閣総理大臣の指名→内閣の総辞職→国会の召集

ウ　国会の召集→衆議院議員の総選挙→内閣の総辞職→内閣総理大臣の指名

エ　衆議院議員の総選挙→国会の召集→内閣の総辞職→内閣総理大臣の指名

②　衆議院の解散中に，緊急の必要があるときに内閣の求めによって開かれる会議を何といいますか。　　〔　　　　　〕

2 【内閣のしくみと議院内閣制】【内閣の仕事】

次の各問いに答えなさい。

(1)　内閣の仕事としてあてはまらないものを，次のア〜エから1つ選びなさい。
〔　　　　　〕

ア　下級裁判所の裁判官を任命する。　　イ　外交関係を処理する。

ウ　政令を制定する。　　　　　　　　　エ　国民審査を行う。

(2) 右の写真は，テレビのニュースなどで報道される内閣が開く会議の前の控え室(ひかえしつ)の様子である。この会議について，次の各問いに答えなさい。

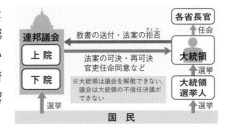
(時事通信フォト)

✓よくでる ① この会議を何といいますか。
〔 　　　　　 〕

ミス注意 ② この会議について述べた文として誤っているものを，次のア～エから1つ選びなさい。
〔 　　 〕
ア 会議は公開されない。
イ 決定は全会一致(いっち)で行われる。
ウ この会議で内閣の政治の方針や政策を決める。
エ 内閣総理大臣や国務大臣以外の人も参加できる。

3 【行政とその課題】

次の各問いに答えなさい。

(1) 行政機関で働く職員を何というか。漢字3字で書きなさい。 〔 　　　　　 〕

(2) (1)について問題になっていることとして誤っているものを，次のア～エから1つ選びなさい。
〔 　　 〕
ア 全体の奉仕者(ほうししゃ)であるため，国民一人ひとりに合わせた仕事をすることができない。
イ 国や地方公共団体全体の利益(りえき)よりも，それぞれの部門の利益を重視する傾向(けいこう)がある。
ウ 機械的，形式的に行政を行う官僚主義(かんりょう)におちいりやすい。
エ 退職後に在職中の仕事に関連する企業(きぎょう)などに再就職(さいしゅうしょく)する者が多い。

(3) 近年，国家公務員の数を減らすなど行政の簡素化，効率化が図(はか)られているが，これを何というか。漢字4字で書きなさい。 〔 　　　　　 〕

入試レベル問題に挑戦

思考
4 【内閣のしくみと議院内閣制】

右の図は，アメリカの大統領制のしくみを示したものである。アメリカの大統領は，日本の内閣総理大臣に比べ，議会からの独立性が高くなっている。その理由を，図を参考に，国民との関係に着目して，「連邦議会(れんぽう)」「選挙」の語句を使って簡潔に書きなさい。

〔 　　　　　　　　　　　　　　　　　　　　　 〕

ヒント

日本では，一般に国会で多数を占(し)める政党の党首が内閣総理大臣になるのに対し，アメリカでは，連邦議会で多数を占める政党と大統領が所属する政党が同じとは限らない。

4 裁判所のはたらき，三権分立

リンク
ニューコース参考書
中学公民
p.122～130

攻略のコツ 司法権の独立と三審制，三権分立の目的は必ず押さえておく！

テストに出る！ 重要ポイント

- ● **司法権の独立と三審制**
  - ❶ **司法（裁判）**…裁判所が法に基づいて争いを解決すること。
  - ❷ **司法権の独立**…裁判官は，自らの良心と憲法・法律にのみ従う。
  - ❸ **裁判所の種類**
    - ◇**最高裁判所**…司法権の最高機関で，唯一の終審裁判所。
    - ◇**下級裁判所**…高等・地方・家庭・簡易裁判所。
  - ❹ **三審制**…1つの事件で3回まで裁判が受けられるしくみ。

- ● **裁判の種類と人権の尊重**
  - ❶ **民事裁判**…個人や企業間の利害の対立を解決。原告と被告。
  - ❷ **刑事裁判**…犯罪行為の有罪・無罪を決定。検察官と被告人。
  - ❸ **人権の尊重**…原則として令状なしでは逮捕できない。黙秘権。

- ● **国民の司法参加**
  - ◇ **裁判員制度**…国民が刑事裁判の第一審に参加する。

- ● **三権の抑制と均衡**
  - ❶ **三権分立**…立法権，行政権，司法権が互いに抑制し合う。権力の濫用を防ぎ，国民の権利を守るしくみ。
  - ❷ **違憲立法審査権**…法律などが違憲かどうかを裁判所が審査。
    └ 違憲審査権，法令審査権

Step 1 基礎力チェック問題

解答 別冊p.11

1 次の〔　〕にあてはまるものを選ぶか，あてはまる語句を書きなさい。

☑(1) 司法が立法や行政から独立した地位にあり，裁判官は〔　善意　良心　公益　〕と憲法・法律にのみ従うことを司法権の独立という。

☑(2) 司法権はすべて，最高裁判所と〔　　　　　　　　〕に属している。

☑(3) 1つの事件で3回まで裁判を受けることができる。このしくみを〔　　　　　　　　〕という。

☑(4) 犯罪の疑いのある者について有罪か無罪かを判断し，有罪の場合には刑罰を決める裁判を〔　　　　　　　〕という。

☑(5) 殺人などの重大な犯罪についての(4)の裁判の第一審では，国民が裁判官とともに裁判を行う〔　　　　　　　〕制度が実施されている。

☑(6) 最高裁判所は，法令が合憲か違憲かの最終決定権をもっており，「憲法の〔　　　　　　　〕」といわれる。

☑(7) 立法権，行政権，司法権が互いに抑制し合うことを〔　　　　　　　〕という。

得点アップアドバイス

1

確認 司法権の独立

(1) 国会や内閣など外部の権力が司法に影響をおよぼさないための原則。

確認 違憲立法審査権

(6) 法令が合憲か違憲かを審査する権限を違憲立法審査権といい，すべての裁判所がもっている。

 注意 三権分立の目的

(7) 互いを抑制し，権力の行き過ぎがないようにして国民の自由と権利を守っている。

2 【司法権の独立と三審制】【裁判の種類と人権の尊重】
次の各問いに答えなさい。

☑(1) 右の図は，三審制のしくみ（民事裁判の場合）を示している。図中の①～③の裁判所について説明した次の文を読んで，あてはまる裁判所をそれぞれ答えなさい。

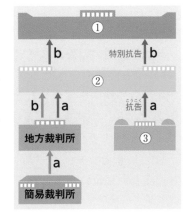

① 司法権の最高機関で，唯一の終審裁判所。　〔　　　　　〕
② 最上位の下級裁判所で，主に第二審を扱う。　〔　　　　　〕
③ 家庭内の争いや少年事件を扱う。　〔　　　　　〕

☑(2) 図中の矢印a・bを，それぞれ何といいますか。
　　　　　　a〔　　　　　〕　b〔　　　　　〕

☑(3) 裁判は，人権を守って公正に行うために，原則として公開，非公開のどちらで行われますか。　〔　　　　　〕

☑(4) 次の文の（ ① ）～（ ④ ）にあてはまる語句を，あとのア～オからそれぞれ選びなさい。

　民事裁判の場合，訴えた人を（ ① ），訴えられた人を（ ② ）と呼ぶ。刑事裁判の場合，（ ③ ）が起訴し，起訴された被疑者を（ ④ ）と呼ぶ。

①〔　　〕 ②〔　　〕 ③〔　　〕 ④〔　　〕

ア 検察官　イ 弁護人　ウ 被告人　エ 被告　オ 原告

3 【三権の抑制と均衡】
右の図を見て，次の各問いに答えなさい。

☑(1) 図のように権力を3つに分けて，互いに抑制し合い，均衡を保つことを何といいますか。
　〔　　　　　〕

☑(2) 図中のX～Zにあてはまる権限をそれぞれ答えなさい。
　　X〔　　　　　〕
　　Y〔　　　　　〕
　　Z〔　　　　　〕

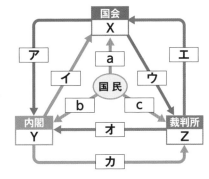

☑(3) 次の①・②は図中のア～カ，a～cのどれにあてはまるか。それぞれ選びなさい。
① 弾劾裁判　② 世論　　①〔　　〕 ②〔　　〕

得点アップアドバイス

2

確認 **三審制**

(2) 第一審の判決に不服の場合は次の上位の裁判所に，第二審の判決に不服の場合はその次の上位の裁判所に訴えることができる。

確認 **刑事裁判**

(4) 刑事裁判では，被害者が直接裁判所に訴えるわけではない。また，訴えられた人が必ずしも有罪であるとは限らず，有罪判決を受けるまでは無罪と推定される。

3

確認 **権力を分ける目的**

(1) フランスの思想家モンテスキューが『法の精神』の中で，国家権力が濫用されることを防ぐために，権力を分けることが必要であると唱えた。

ヒント **弾劾裁判と世論**

(3)① 弾劾裁判とは，職務上の違反や非行などを行ったとしてやめさせるよう訴えのあった裁判官の処分を決定する裁判。すべての裁判官が対象。
② 政治や社会に対する，国民の多くの意見。

1 【司法権の独立と三審制】

次の文を読んで，あとの各問いに答えなさい。

（　①　）は，社会の中で多くの人たちが共同して生活していくためのルールであり，私たちの権利を守り社会の秩序を保つ。社会生活を営む中では，犯罪のように（　①　）に違反する行為があったり，権利をめぐる争いが起こったりする。このようなとき，公正な立場で社会秩序を維持する役目を果たすのが_a裁判所である。そして裁判所がもっている権限を（　②　）権といい，（　②　）権が正しく行使されるために，（　②　）が立法や行政から独立した地位にあることを_b（　②　）権の独立という。

(1) 文中の（　①　）・（　②　）にあてはまる語句を，それぞれ答えなさい。ただし，（　①　）は漢字1字で書きなさい。

①〔　　　　　　〕　②〔　　　　　　〕

ミス注意 (2) 下線部aについて，下級裁判所のうち，次の①・②にあてはまる裁判所を，あとのア〜エからそれぞれ選びなさい。　　　　①〔　　　〕②〔　　　〕

① 罰金以下の刑罰にあたる罪や，請求額が140万円以下の争いを扱う。

② 家族内の争いや，少年の犯罪などを扱う。

ア 高等裁判所　**イ** 地方裁判所　**ウ** 家庭裁判所　**エ** 簡易裁判所

(3) 下線部bについて，次の各問いに答えなさい。

√よくでる ① 日本国憲法第76条3項は，「すべて裁判官は，その良心に従ひ独立してその職権を行ひ，この＿＿＿＿及び法律にのみ拘束される。」と定めている。条文中の＿＿＿＿にあてはまる語句を，次のア〜エから1つ選びなさい。

〔　　　　　〕

ア 知識　**イ** 憲法　**ウ** 経験　**エ** 責任

② 最高裁判所の裁判官は，心身の故障，弾劾裁判による罷免とあともう1つの場合を除いて，在任中の身分が保障されている。あともう1つとは，何によって不適任とされた場合ですか。

〔　　　　　　　　　〕

2 【裁判の種類と人権の尊重】

次の文中の（　①　）〜（　④　）にあてはまる語句を答えなさい。

犯罪の疑いのある者（被疑者）は，裁判官の出す（　①　）がなければ逮捕されず，拷問などによる（　②　）は証拠として扱うことはできない。犯罪の疑いがあっても，裁判で有罪の判決を受けるまでは無罪と推定され，公正で迅速な公開裁判を受ける権利が保障されている。また，裁判では，答えたくない質問には答えを拒むことや，だまっていることも認められており，この権利を（　③　）という。これらは被疑者の（　④　）を尊重するためのものである。

①〔　　　　　　〕　②〔　　　　　　〕
③〔　　　　　　〕　④〔　　　　　　〕

3 【裁判の種類と人権の尊重】【国民の司法参加】

次の各問いに答えなさい。

ミス注意 (1) 次の①～③の裁判は，民事裁判，刑事裁判のどちらか。民事裁判にはA，刑事裁判にはBをそれぞれ書きなさい。

① 行政機関の処分が憲法違反であり，権利が侵された<ruby>侵<rt>おか</rt></ruby>されたと思った人が，裁判所に訴えて<ruby>訴<rt>うった</rt></ruby>えて行政処分の取り消しを求めた。　　　　　　　　〔　　　〕

② 祖父が死亡したので，親族が集まり，財産の相続について話し合いをして決めようとしたが，争いとなったので裁判所に訴えて解決した。　　　　　〔　　　〕

③ 暴力をふるって相手に大けがをさせた人が，検察官によって起訴<ruby>起訴<rt>きそ</rt></ruby>されて被告人となった裁判で，裁判官は法律に基づいて<ruby>基<rt>もと</rt></ruby>づいて有罪とし刑罰<ruby>刑罰<rt>けいばつ</rt></ruby>を言いわたした。　　〔　　　〕

✓よくでる (2) 裁判員制度について述べた文として，<u>誤っているもの</u>を次のア～エから1つ選びなさい。　　　　　　　　　　　　　　　　　　　　〔　　　〕

ア 裁判員が参加するのは，重大な刑事事件の裁判の第一審<ruby>第一審<rt>だいいっしん</rt></ruby>である。

イ 裁判員は，裁判員になってもよいと思う人の中からくじと面接で選ばれる。

ウ 1つの事件を，原則として6人の裁判員と3人の裁判官がともに担当する。

エ 裁判員は，被告人が有罪か無罪かだけでなく，有罪の場合は刑の重さまで決める。

✓よくでる (3) 日本の裁判は，1つの事件で原則として3回まで裁判を受けることができる。このしくみを何といいますか。　　　　　　　　　　　　　〔　　　　　　　〕

(4) (3)のしくみが採用されている理由を簡潔に書きなさい。

〔　　　　　　　　　　　　　　　　　　　　　　　　　　　　　　　　　　　　〕

入試レベル問題に挑戦

思考 **4** 【三権の抑制と均衡】

右の図は，日本の三権分立のしくみを示したものである。図を見て，次の各問いに答えなさい。

(1) 図中のA～Cは，立法権，行政権，司法権のいずれかを示している。行政権にあてはまるものを1つ選びなさい。

〔　　　〕

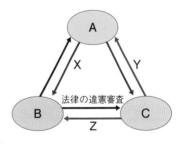

(2) 図中のX～Zの矢印にあてはまるものを，次のア～ウからそれぞれ選びなさい。

ア 内閣総理大臣を指名する。　　　　X〔　　〕 Y〔　　〕 Z〔　　〕

イ 弾劾<ruby>弾劾<rt>だんがい</rt></ruby>裁判を実施<ruby>実施<rt>じっし</rt></ruby>する。

ウ 最高裁判所長官を指名する。

(3) 日本は右の図のように三権相互の抑制と均衡<ruby>抑制<rt>よくせい</rt></ruby>と<ruby>均衡<rt>きんこう</rt></ruby>のしくみをとっている。そのねらいを，「集中」と「国民の権利」の語句を使って簡潔に書きなさい。

[　　　　　　　　　　　　　　　　　　　　　　　　　　　　　　　　　　　　]

ヒント

(2) 3つに分けた国家権力が1つの機関に「集中」すると「国民の権利」がどうなるかを考えよう。

5 地方自治のしくみとはたらき

リンク
ニューコース参考書
中学公民
p.132〜137

攻略のコツ 首長と地方議会の関係，直接請求権の署名数と請求先がポイント！

テストに出る！ 重要ポイント

● 地方自治と地方分権

❶ **地方自治**…住民が自らの意思と責任で地域の政治を行う→**民主主義の学校**。**地方公共団体**（地方自治体）が行う。

❷ **地方分権**…**地方分権一括法**が制定される。

● 地方自治のしくみ

❶ 地方議会と**首長**…住民が直接選挙で選ぶ**二元代表制**のため対等。議会に**首長の不信任決議権**，首長に議会の解散権。
└─都道府県知事と市（区）町村長

❷ 議会の仕事…**条例**の制定，**予算**の議決など。

● 地方公共団体の仕事と財政

❶ 仕事…公園や道路の整備，水道，警察，消防，ごみ処理など。

❷ 財政…自主財源の**地方税**，国から支出される**地方交付税交付金**・**国庫支出金**，借金である**地方債**などでまかなわれる。

● 住民の権利

❶ **直接請求権**…条例の制定，首長・議員の解職（リコール）など。

❷ 住民の参加…**住民投票**，**NPO**，オンブズマン制度。
└─非営利組織

Step 1 基礎力チェック問題

解答▶ 別冊p.12

1 次の〔　　〕にあてはまるものを選ぶか，あてはまる語句を書きなさい。

☑ (1) 地方自治は「民主主義の〔　　　　　　　〕」といわれる。

☑ (2) 地方公共団体が自主的に自治を行えるように，国から地方に権限や財源を移す〔　　　　　　〕が進められている。

☑ (3) 地方議会の仕事には，〔 条例　政令　法律 〕の制定・改廃，予算の議決，決算の承認，行政の監視などがある。

☑ (4) 地方公共団体の行政機関の長を〔　　　　　　〕といい，都道府県知事，市（区）町村長のことである。

☑ (5) 地方税収入の不均衡を是正するために，国から地方公共団体に支出されるお金を〔　　　　　　〕という。

☑ (6) 義務教育の実施や道路整備などの特定の仕事を行うために，国が地方公共団体に支出するお金を〔　　　　　　〕という。

☑ (7) 地方公共団体の住民が一定数の署名を集めて，条例の制定や改廃，首長の解職などを求める権利を〔　　　　　　〕という。

得点アップアドバイス

1

✓確認 **地方自治と住民**

(1) 住民は地方自治を通して政治を知り，政治への関心を高め，民主主義を経験することができる。

 注意 **国から支出されるお金**

(5)(6) ともに国から支出されるが，(5)は使いみちが自由，(6)は使いみちが決まっている。

2 【地方自治のしくみ】
右の図を見て，次の各問いに答えなさい。

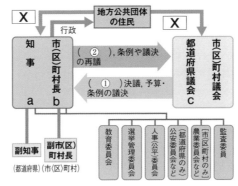

☑(1) 図中の **X** によって，知事や市(区)町村長，地方議会議員が選ばれる。**X** にあてはまる語句を答えなさい。
〔　　　　　　〕

☑(2) 図中の **a・b** と，**c** の議員の被選挙権は満何歳以上の人たちに与えられているか。次のア～エからそれぞれ選びなさい。ただし，同じ記号を2度使ってもよい。
a〔　　〕 b〔　　〕 c〔　　〕
ア　20歳以上　　イ　25歳以上　　ウ　30歳以上　　エ　35歳以上

☑(3) 次の文は，図中の首長と地方議会の関係について述べたものである。①・②にあてはまる語句をそれぞれ答えなさい。
①〔　　　　　〕 ②〔　　　　　〕
◇　地方議会で，知事や市(区)町村長の（　①　）決議が可決された場合，知事や市(区)町村長は10日以内に議会を（　②　）しない限り，その職を失う。

3 【地方公共団体の仕事と財政】【住民の権利】
次の各問いに答えなさい。

☑(1) 右のグラフは地方公共団体の歳入の内訳を示している。地方税にあてはまるものを，図中のア～ウから1つ選びなさい。また，**X** は国が使いみちを指定して地方公共団体に支出するものである。これを何といいますか。
地方税〔　　　〕 **X**〔　　　　　〕

| ア 40.2% | イ 16.3 | X 14.7 | ウ 10.4 | その他 |

(2018年度)　　　(令和2年版「地方財政白書」)

☑(2) 右の表は，住民の直接請求権について示したものである。表中の①～④にあてはまる語句を次のア～エからそれぞれ選びなさい。
①〔　　〕 ②〔　　〕
③〔　　〕 ④〔　　〕
ア　3分の1　　イ　50分の1
ウ　首長　　エ　選挙管理委員会

直接請求		法定署名数	請求先
条例の制定・改廃の請求		有権者の　①　以上	③
監査請求			監査委員
a 解職請求	首長・議員	有権者の　②　以上	④
	主要な職員		③
議会の解散請求			④

☑(3) 表中の **a** をカタカナで何といいますか。〔　　　　　〕

☑(4) 地方公共団体によっては，行政が適正に行われているかを監視する制度を設けている。これを何といいますか。〔　　　　　〕

得点アップアドバイス

2

確認 **被選挙権**
(2) 都道府県知事は参議院議員と同じで，市(区)町村長と都道府県・市(区)町村議会議員は衆議院議員と同じである。

ヒント **首長と議会の関係**
(3) 地方自治における首長と議会の関係は，国政における内閣と衆議院の関係と似ている。

3

注意 **署名数の違い**
(2) 直接請求に必要な署名数（法定署名数）は，人の地位や職を失わせることになる請求は，その他の場合より多くの署名数が必要となる。

1 【地方自治と地方分権】

次の文を読んで，あとの各問いに答えなさい。

　私たちは地域社会の中で生活している。地域社会には，地形，人口，産業など，さまざまな違いがあり，それぞれの地域が直面している問題や住民の要求は異なっている。そこで，それぞれの地域の公共的な問題を，住民が自らの意思に基づいて決めていくことを a 地方自治という。そして，地域の問題に中央政府があまり関わらないで，できるだけ住民の判断にゆだねるしくみが b 地方分権である。

✓よくでる (1)　下線部 a について，次の文中の◻◻◻に共通してあてはまる語句を書きなさい。

〔　　　　　　　　　〕

　◇　地域に住む人々が，自ら治めるという◻◻◻の精神は，暮らしに密着した地方自治の中で育てられやすく，それは国全体の政治にもつながることである。そのため，地方自治は「◻◻◻の学校」と呼ばれる。

(2)　下線部 b について，次の各問いに答えなさい。

①　1999 年に地方分権をより進めるための法律が制定された。この法律を何といいますか。　　　　　　　　　　　　　　　　　〔　　　　　　　　　〕

②　①の法律は，これまでの国と地方公共団体の関係を，どのように変えることを目的としているか。簡潔に書きなさい。

〔　　　　　　　　　　　　　　　　　　　　　　　〕

2 【地方自治のしくみ】【地方公共団体の仕事と財政】【住民の権利】

次の各問いに答えなさい。

(1)　地方公共団体の首長について述べた文として誤っているものを，次のア〜ウから1つ選びなさい。　　　　　　　　　　　　　　　　〔　　　　〕

ア　首長の任期は 4 年で，任期中はその職を失うことはない。

イ　首長には，地方議会の解散権がある。

ウ　首長は，予算の議決に異議がある場合，地方議会に再議を請求できる。

(2)　地方議会について述べた文として誤っているものを，次のア〜オから2つ選びなさい。

〔　　　〕〔　　　〕

ア　地方議会は，国会と異なり一院制である。

イ　地方議会は，その地方公共団体の予算の議決をし，決算の承認をする。

ウ　地方議会議員の任期は 4 年で，議会が解散されることはない。

エ　地方議会には，市(区)町村議会や都道府県議会がある。

オ　地方議会は，議決機関であるため，行政の仕事を監視することはできない。

ミス注意 (3)　地方公共団体の仕事にあてはまらないものを，次のア〜ウから1つ選びなさい。

〔　　　　〕

ア　図書館の運営　　イ　上下水道の整備　　ウ　地方裁判所での裁判

√よくでる (4)　地方公共団体の政治への住民参加について，かずやさんが次のようにノートにまとめた。これを見て，あとの各問いに答えなさい。

> ○地方公共団体が，法律の範囲内で定める法は，住民が制定を求めることができる。私たちの市の有権者は5万人だから，（　a　）人分以上の署名を集めて，（　b　）に提出すればよい。その後，市議会で審議され，可決されれば成立する。
> ○この法の制定を求める権利は，住民による直接民主制の1つで，（　c　）という権利。このほか，首長・議員の（　d　）や議会の解散なども求めることができる。

①　文中の下線部の法を何といいますか。

〔　　　　　　　　　〕

②　文中の（　a　）～（　d　）にあてはまる数字や語句を，それぞれ書きなさい。

a〔　　　　　　　〕　b〔　　　　　　　〕
c〔　　　　　　　〕　d〔　　　　　　　〕

(5)　近年，住民全体の意見を明らかにするために，具体的な問題について賛成・反対といった意思を住民が直接表し，首長や地方議会を動かす機会となっているものは何か。

〔　　　　　　　　　〕

入試レベル問題に挑戦

【地方公共団体の仕事と財政】

次の図は，主な都県の歳入の内訳を示したものである。これを見て，あとの各問いに答えなさい。

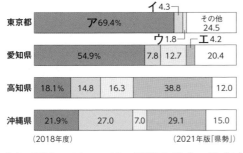

東京都　ア69.4%　イ4.3　その他24.5
愛知県　54.9%　ウ1.8　7.8　12.7　エ4.2　20.4
高知県　18.1%　14.8　16.3　38.8　12.0
沖縄県　21.9%　27.0　7.0　29.1　15.0
(2018年度)　(2021年版「県勢」)

(1)　図中のア～エは，国庫支出金，地方交付税交付金，地方債，地方税のいずれかである。地方交付税交付金にあたるものを，ア～エから1つ選びなさい。

〔　　　　　　　　　〕

(2)　(1)のように判断した理由を，地方交付税交付金が配分される目的にふれて簡潔に書きなさい。

〔　　　　　　　　　　　　　　　　　　　　　　　　　　　　　　　　〕

> **ヒント**
> (2)　東京都や愛知県は大企業が多いため，財政的に豊かであることから考える。

定期テスト予想問題 ③

1 次の文を読んで，あとの各問いに答えなさい。

【(4)は6点。他は3点×4。(2)は完答】

　　現在の日本の選挙は，一定の年齢（ねんれい）に達したすべての国民に選挙権を認める普通選挙，代表を直接選出する直接選挙，無記名投票で行う　①　選挙，各人が1票をもつ平等選挙が重要な原則になっている。選挙方法などは，　②　法で定められており，国会議員を選ぶ方法としての選挙制度には，a小選挙区制，比例代表制などがある。現在，衆議院議員選挙ではb小選挙区比例代表並立制（へいりつ）が，参議院議員選挙では選挙区制と比例代表制が採用されている。

　　現在の選挙には，cさまざまな問題点もあり，制度の改革・整備が求められている。

(1) 文中の　①　・　②　にあてはまる語句をそれぞれ答えなさい。

(2) 下線部aについて，小選挙区制の特色として正しいものを，次のア～オから2つ選びなさい。

　ア　大政党に有利である。
　イ　死票が多くなる。
　ウ　選挙運動の費用がかさむ。
　エ　政局が不安定になりやすい。
　オ　小政党でも当選者を出しやすい。

(3) 下線部bについて述べた文として誤っているものを，次のア～エから1つ選びなさい。

　ア　小選挙区で落選した候補者（こうほしゃ）が比例代表で当選することもある。
　イ　小選挙区で一定の票を獲得（かくとく）できなかった候補者は，比例代表で当選することはできない。
　ウ　有権者は，小選挙区では候補者名を，比例代表では政党名を書いて投票する。
　エ　小選挙区と比例代表で立候補した候補者は，比例代表の名簿（めいぼ）順が20位以下になる。

(4) 下線部cについて，右の資料は，有権者数が最も多い小選挙区と最も少ない小選挙区を比較（ひかく）したものである。資料から読み取れる，日本の選挙の問題点を「格差」の語句を使い，人権に関連させて簡潔（かんけつ）に書きなさい。

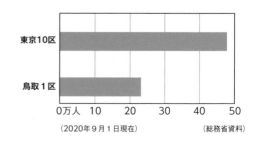

(2020年9月1日現在)　　　　　(総務省資料)

(1) ①		②		(2)		(3)	
(4)							

2 次の各問いに答えなさい。

【(5)②は6点。他は2点×8】

(1) 国会について，次の憲法第41条の条文の ① ， ② にあてはまる語句を答えなさい。

「国会は，国権の ① 機関であつ(っ)て，国の唯一の ② 機関である。」

資料Ⅰ 予算ができるまで

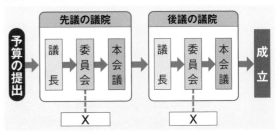

(2) 予算ができるまでの流れを示した**資料Ⅰ**を見て，次の各問いに答えなさい。

① **資料Ⅰ**中の X には，議案について専門家や関係者から意見を聞くための会議があてはまる。この会議を何といいますか。

② **資料Ⅰ**中の「先議の議院」とは，衆議院，参議院のどちらか，答えなさい。

(3) 衆議院と参議院とで議決が異なったときに開かれることがある，両議院の意見を調整する会議を何といいますか。

(4) **資料Ⅱ**を見て，次の各問いに答えなさい。

① 下線部aで召集された国会の会期は何日か。

② 下線部bで召集された国会の種類は何か。

資料Ⅱ ある年の国会の動き

月 日	内 容
1月20日	a召集
3月27日	次年度の予算が成立
6月18日	閉会
9月28日	b召集，衆議院解散，閉会
10月22日	衆議院議員総選挙
11月 1日	召集
12月 9日	閉会

(5) 衆議院の優越について，次の各問いに答えなさい。

① 衆議院の優越について述べた文として正しいものを，次の**ア〜エ**から1つ選びなさい。

ア 条約の承認に関して，衆議院が可決してから参議院が60日以内に議決しない場合，衆議院の議決が国会の議決となる。

イ 法律案の議決に関して，参議院が衆議院と異なる議決をした場合，衆議院が出席議員の3分の2以上の賛成で再び可決すれば法律となる。

ウ 予算の議決に関して，参議院が衆議院と異なる議決をした場合，衆議院が総議員の過半数の賛成で再び可決すれば予算が成立する。

エ 衆議院議員の総議員の3分の2以上が賛成すると憲法改正の発議ができ，国民投票が行われる。

② 衆議院に参議院より強い権限を認めている理由を，「任期」「解散」の語句を使って簡潔に書きなさい。

(1)	①		②	
(2)	①		②	
(3)				
(4)	①		②	
(5)	①	②		

3 右の図を見て，次の各問いに答えなさい。

(1) 図中の <u>X</u> にあてはまる語句を，漢字
4字で答えなさい。

(2) 図中の内閣について，次の各問いに答え
なさい。

　① 内閣が，仕事の方針を決定するために
開く会議を何といいますか。

　② 内閣の仕事として<u>誤っているもの</u>を，
次の**ア**～**エ**から1つ選びなさい。

　　ア 政令の制定　　**イ** 条約の締結

　　ウ 予算の議決　　**エ** 法律の執行

　③ 内閣の下には，さまざまな行政機関が
ある。そのうち，インフルエンザなどの
疾病対策や，社会保障などの事務を行う
省を，次の**ア**～**エ**から1つ選びなさい。

　　ア 厚生労働省　　**イ** 財務省　　**ウ** 法務省　　**エ** 経済産業省

　④ 衆議院が内閣不信任の決議を可決した場合，内閣が行わなければならないことを，
期限にふれて簡潔に書きなさい。

日本の議院内閣制のしくみ

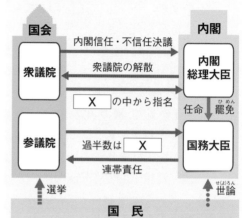

---

4 右の図を見て，次の各問いに答えなさい。

【3点×4】

(1) 図は，法廷の様子を示している。この裁判の種類を，漢字
4字で書きなさい。

(2) 図中の**X**は，どんな人々を示していますか。

(3) 図の裁判について述べた文として<u>誤っているもの</u>を，次の
ア～**エ**から1つ選びなさい。

　ア 裁判官が発行する令状がなければ，原則として逮捕され
ない。

　イ 被疑者が拷問によって自白させられた場合，その自白は証拠となる。

　ウ 被告人は第一審の判決に不服があれば，上級の裁判所に裁判のやり直しを求める
ことができる。

　エ 被疑者や被告人は，有罪の判決が確定するまでは無罪とみなされる。

(4) 裁判で有罪の判決が確定したあと，無罪となる証拠が発見されるなどして，判決に
重大な誤りがあると疑われる場合に，行うことが認められている裁判のやり直しを何
といいますか。

(1)				(2)		(3)	

(4)	

定期テスト予想問題③

5 次の各問いに答えなさい。　　　　　　　　　　　　【(1)は3点，完答。(2)は6点】

(1) 国民は，立法権，行政権，司法権に対して，どのようにして力をおよぼすことができるか。次のア～エからそれぞれ選びなさい。
　　ア　世論（せろん・よろん）　　イ　国民投票　　ウ　国民審査（しんさ）　　エ　選挙

(2) 最高裁判所が「憲法の番人」と呼ばれている理由を簡潔に書きなさい。

(1) 立法権	行政権	司法権	
(2)			

6 次の各問いに答えなさい。　　　　　　　　　　【(4)は6点。他は3点×5。(5)は完答】

(1) 地方公共団体の仕事にあてはまらないものを，次のア～エから1つ選びなさい。
　　ア　上下水道の整備　　イ　ごみの収集
　　ウ　保健所の運営　　エ　自衛隊の海外派遣（はけん）

(2) 国が地方公共団体にできるだけ多くの権限を移し，地方公共団体が国から自立して活動を行うようにすることを何といいますか。

(3) 地方議会が定める，地方公共団体独自の法を何といいますか。

(4) 地方自治では，国の政治とは異なり，二元代表制のしくみがとられている。二元代表制とはどのようなしくみか，「住民」の語句を使って簡潔に書きなさい。

(5) 右の資料は，地方公共団体の歳入（さいにゅう）の内訳を示している。国からの補助や支出にあたるものを2つ選んで書きなさい。

(6) 地方公共団体の住民の直接請求権において，地方議会の議員の解職を請求（せいきゅう）するとき，有権者数が6万人の地方公共団体では，必要な署名数は何人以上となるか。

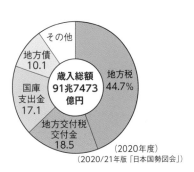

歳入総額
91兆7473
億円

地方税
44.7%

その他

地方債
10.1

国庫
支出金
17.1

地方交付税
交付金
18.5

(2020年度)
(2020/21年版「日本国勢図会」)

(1)		(2)		(3)	
(4)					
(5)			(6)		

1 家計と消費生活

リンク
ニューコース参考書
中学公民
p.144〜149

攻略のコツ 経済の3つの主体とその関係や，製造物責任法は必ずおさえよう！

テストに出る！ 重要ポイント

● 経済と家計

❶ **経済**…商品（**財・サービス**）の生産・流通・消費のしくみ。
家計・企業・政府が経済の主体。

❷ **家計**…収入（給与収入，事業収入，財産収入）と支出（**消費支出**，非消費支出，**貯蓄**）。

❸ 商品の購入…近年は**キャッシュレス決済**が進む。

● 消費者の権利と
保護

❶ **契約**…買い手と売り手による商品売買の合意。

❷ **権利**…「安全・知らされる・選ぶ・意見を反映させる」権利。
└アメリカのケネディ大統領が提唱

❸ 保護…消費者保護基本法→**消費者基本法**。
クーリング・オフ制度，**製造物責任法（PL法）**，消費者庁。

● 流通と貨幣

❶ **流通**…商品が消費者に届くまでの流れ。中心は**商業**が担う。
└卸売業と小売業

❷ 流通経路…生産者⇨**卸売業者**⇨**小売業者**⇨消費者。

❸ 貨幣のはたらき…価値の尺度，交換の手段，価値の貯蔵（保存）。

❹ 通貨の種類…**現金通貨**と**預金通貨**。

Step 1 基礎力チェック問題

解答▶ 別冊p.14

1 次の〔　〕にあてはまるものを選ぶか，あてはまる語句を書きなさい。

☑ (1) 経済の3つの主体は，家計・企業・〔　　　　　　〕である。

☑ (2) 家計の支出の中で，食料費や住居費は〔　消費　非消費　〕支出である。

☑ (3) 〔　　　　　　　〕大統領は安全を求める権利・知らされる権利などが「消費者の4つの権利」であると示した。

☑ (4) 1968年に定められた消費者保護基本法は，2004年に消費者の権利を明確にした〔　　　　　　〕に改正された。

☑ (5) 訪問販売などによって商品を購入した場合，一定期間内であれば無条件で契約を解約できる〔　　　　　　〕制度が定められている。

☑ (6) 消費者が製品の欠陥で被害を受けたときに，企業に過失がなくても損害の賠償を義務づけた法律を〔　　　　　　〕（PL法）という。

☑ (7) 商品が消費者に届くまでに，「生産者⇨卸売業者⇨〔　　　　　　〕業者⇨消費者へ」が代表的な流通の順序である。

得点アップアドバイス

1

 確認 消費支出の種類

(2) 消費支出は「消費」のために支出される費用，非消費支出は税金のように消費のためではない費用，残りが貯蓄となる。

ヒント 消費者保護制度

(5) 「頭を冷やして考え直す」という意味。

ヒント 流通経路

(7) スーパーマーケットや百貨店など，商品を直接消費者に販売する業者。

② 【経済と家計】
次の文を読んで，あとの各問いに答えなさい。

家庭や個人を主体として行われる消費を中心とした経済活動を a家計という。家計の支出の中で，大部分を占めるのが b消費支出である。これは，食料費，住居費，光熱・水道費などの毎日の生活に必要なものについての支出である。このほか，支出には，貯蓄や社会保険料の料金，また，国や地方公共団体に支払う□□□などがある。

- ☑ (1) 文中の□□□にあてはまる語句を漢字2字で書きなさい。
  〔　　　　　〕

- ☑ (2) 下線部aについて，家計の収入のうち，次の収入を何といいますか。
  ◇　預金や株式などから得られる利子や配当，または地代や家賃など。
  〔　　　　　〕

- ☑ (3) 下線部bについて，次の文の（　　）にあてはまる語句を，あとのア〜エから1つ選びなさい。　〔　　　〕
  ◇　1970年ごろと比べて，近年は（　　）費の消費支出に占める割合が増えている。
  ア　食料　　イ　衣服・履物　　ウ　交通・通信　　エ　住居

- ☑ (4) (3)の費用をはじめ，近年はその場で現金を使わずに商品を購入することができる決済が普及しつつある。この決済を何といいますか。
  〔　　　　　　　　　　〕

③ 【流通と貨幣】
右の図を見て，次の各問いに答えなさい。

- ☑ (1) 図中の□□□に共通してあてはまる語句を，漢字2字で書きなさい。
  〔　　　　　〕

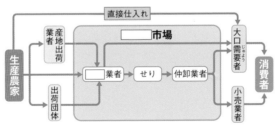

- ☑ (2) 図中の□□□業者や小売業者は流通を専門的に行っている。このような業種を何というか。漢字2字で書きなさい。
  〔　　　　　　　　〕

- ☑ (3) スーパーマーケットなどで取り入れられている，レジの機械で商品についているバーコードを読み取り，売れ行きや在庫を管理するしくみを何といいますか。
  〔　　　　　　　　〕

- ☑ (4) 流通上，インターネット・ショッピングにはどのような利点があるか。簡潔に書きなさい。
  〔

🖊 得点アップアドバイス

② ・・・・・・・・・・・・

🔄 注意　**収入（所得）の種類**
(2) 会社員や公務員が得る給料は給与収入（所得），農家や個人商店などを経営して得る利益は事業収入（所得）。

💡 ヒント　**情報**
(3) 近年の情報社会の進展に伴って割合が増加している。

💡 ヒント　**クレジットカード**
(4) クレジットカードなどを使うと，商品を購入する際に現金（キャッシュ）を使わずに済む。

③ ・・・・・・・・・・・・

✅ 確認　**もし(2)の活動がないと…**
(2) 消費者は生産者のもとへ商品を買いに行かねばならなくなる。

✅ 確認　**バーコード**
(3) 国番号や商品番号などの情報が示されている。

1 【経済と家計】

次の各問いに答えなさい。

(1) 右の図は，国民経済のしくみを示したものである。図中の **X ～ Z** には，政府，企業，家計のいずれかがあてはまる。このうち **X** にあてはまるものは何ですか。　〔　　　　　　〕

(2) 家計の収入のうち，会社などで働いて得る収入を何といいますか。　〔　　　　　　〕

ミス注意 (3) 家計の中で消費支出にあてはまるものを，次のア～エから１つ選びなさい。　〔　　　　〕

ア　ガス会社の株式を購入した。　　イ　生命保険の保険料を支払った。

ウ　郵便局に貯金をした。　　エ　映画館の入場料を支払った。

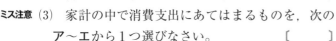

2 【経済と家計】【消費者の権利と保護】

次の文を読んで，あとの各問いに答えなさい。

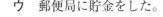

　研一さんは，A バスに乗って料金を支払い，まちに出かけた。B映画館で映画を見たあと，デパートの飲食コーナーでハンバーガーを食べてから，母親に頼まれていたCヘアドライヤーを買った。しかし，家に帰ると①商品に欠陥があることに気がついた。

　次の日，郵便局でDはがきと切手を買い，外に出てバスの停留所に向かおうとしたところ，②路上で通行人に声をかけて商品の購入を勧誘している人たちがいることに気づいた。

(1) 下線部A～Dのうち，研一さんがサービスを購入した場面が２つある。サービスを購入した場面の組み合わせとして正しいものを，次のア～エから１つ選びなさい。

〔　　　　〕

ア　AとB　　イ　BとC　　ウ　CとD　　エ　AとD

✓よくでる (2) 下線部①について，商品の欠陥によって消費者が被害を受けた場合に，メーカーの過失を証明しなくても救済を受けられる法律が1995年に施行された。この法律を何というか。次のア～エから１つ選びなさい。　〔　　　　〕

ア　消費者基本法　　イ　環境基本法

ウ　民法　　　　　　エ　製造物責任法

✓よくでる (3) 下線部②について，これを見た研一さんは，社会科の授業で勉強したキャッチセールスのことを思い出した。キャッチセールスで契約をしても，一定の期間内であれば契約を解除することができる。この契約解除の制度を何というか。カタカナで書きなさい。

〔　　　　　　　〕

【流通と貨幣】【消費者の権利と保護】

3 次の各問いに答えなさい。

(1) 流通についての説明として誤っているものを，次のア～エから1つ選びなさい。

〔　　　〕

　ア　個人商店や百貨店など，商品を直接消費者に販売するのは卸売業である。

　イ　流通を通じて，消費者が何を求めているかという情報が生産者に伝わる。

　ウ　インターネットの普及によって，流通の経費は大きく下がった。

　エ　商品につけられたバーコードによる，販売の管理をPOSシステムという。

(2) 次の文のような貨幣のはたらきを何といいますか。下の語句から選んで書きなさい。

　◇　商品が売買されるとき，その商品の値打ちは貨幣の単位によって示される。

　〔　価値の尺度　　交換の手段　　価値の貯蔵(保存)　〕　　〔　　　　　　　〕

(3) アメリカでは，1962年に，ケネディ大統領が議会で消費者の4つの権利を示した。そのうち3つは「安全を求める権利」，「知らされる権利」，「意見を反映させる権利」である。残りの1つを，次のア～エから選びなさい。　　〔　　　〕

　ア　選ぶ権利　　　　イ　労働の権利

　ウ　投票する権利　　エ　最低限度の生活を営む権利

ミス注意 (4) 消費者問題について述べた文として正しいものを，次のア～ウから1つ選びなさい。

〔　　　〕

　ア　現代は，消費者が自分の意思と判断によって商品を購入する消費者主権が難しい社会になっている。

　イ　消費者が消費者団体を結成することは認められておらず，また，特定の商品を買わない不買運動をすることも禁止されている。

　ウ　消費者の権利を明確化するとともに企業と行政の責任を認めた消費者基本法は，消費者庁の発足に伴って，消費者保護基本法に改正された。

入試レベル問題に挑戦

思考

【流通と貨幣】

4 近年，流通を合理化する動きが進んでいる。流通のしくみを示した次の図中のA，Bのうち，合理化が進んでいるものを1つ選びなさい。また，合理化による消費者の利点を価格に着目し，「仕入れ」の語句を使って簡潔に書きなさい。

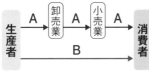

記号〔　　　　〕

利点〔　　　　　　　　　　　　　　　　　　　　　　　　　　　　　　　〕

ヒント

間に入る流通業者の数は，価格にどのような影響を与えるだろうか。

2 市場のはたらきと価格

攻略のコツ 需要量・供給量と価格の関係のグラフがよく出る。独占禁止法も重要！

テストに出る！ 重要ポイント

● **市場経済と価格のはたらき**

❶ **市場経済**…市場で自由に商品の売買が行われる経済。

❷ **需要量と供給量**
- └買う量 └売る量
◇需要量＞供給量⇨商品に**希少性**があるため価格は**上昇**。
　　　　　　　　　　└人々の欲求に対して商品が不足した状態
◇需要量＜供給量⇨商品が余るため価格は**下落**。

❸ **市場価格のはたらき**…需要と供給を調整⇨**均衡価格**。

● **特別な価格**

❶ **独占価格**…1つまたは少数の企業が一方的に決める価格。
　　└この場合，寡占（かせん）価格ともいう
⇨**独占禁止法**で市場競争をうながす。**公正取引委員会**が監視。

❷ **公共料金**…国や地方公共団体が決めたり認可したりする料金（価格）。鉄道・バス運賃，電気・ガス料金など。

Step 1　基礎力チェック問題

解答▶ 別冊p.14

1 次の〔　　〕にあてはまるものを選ぶか，あてはまる語句を書きなさい。

☑(1) 市場で自由な競争により商品を売買する経済を〔　　　　　　　〕という。

☑(2) 自由な市場で決められる価格を〔　　　　　　　〕価格といい，この価格のうち，需要量と供給量が一致する価格を均衡価格という。

☑(3) 青果市場で，野菜や果物の入荷量が台風などの被害によって急に減ると，価格は〔　上がる　下がる　〕。

☑(4) 新製品の人気が高まり，生産が追いつかない場合は，需要量が供給量を上回るので，価格は〔　上がる　下がる　〕。

☑(5) (4)の状態のように，人々の欲求（需要）に対して，商品が不足する状態を〔　　　　　〕性があるという。

☑(6) 少数の企業が一方的に決める価格を禁止し，健全な市場競争をうながすための法律を，〔　　　　　　　〕という。

☑(7) (6)の法律に基づいて，〔　　　　　　　〕委員会が違反事実の調査，勧告などを行っている。

☑(8) 鉄道やバス，ガスなどの料金は，自由に価格が決定されず，国などが決めたり認可したりする〔　　　　　　　〕である。

得点アップアドバイス

1 ……………………

ヒント　入荷量

(3) 入荷量は供給量のことである。

確認　独占価格

(6) 1つまたは少数の企業が一方的に決める価格は，独占価格である。1つではなく少数の企業の場合は，とくに寡占価格ということもある。

確認　国などが決める価格

(8) 鉄道やバス，ガスなどのサービスは，国民生活に与える影響が大きいため。

2 【市場経済と価格のはたらき】
右のグラフを見て，次の各問いに答えなさい。

☑(1) 右のグラフは，需要量・供給量と価格の関係を示したものである。a，bにあてはまる語句を書きなさい。

a〔　　　　　〕　b〔　　　　　〕

☑(2) X，Yの説明として正しいものを，次のア〜エからそれぞれ選びなさい。

X〔　　　〕　Y〔　　　〕

ア　価格が高いと，需要量は多い。
イ　価格が安いと，供給量は多い。
ウ　価格が高いと，需要量は少ない。
エ　価格が安いと，供給量は少ない。

☑(3) aの曲線と，bの曲線が交わるところで最終的に決まる価格を，何といいますか。

〔　　　　　　　　　〕

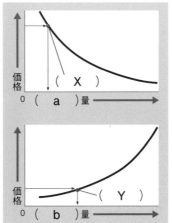

3 【特別な価格】
次の各問いに答えなさい。

☑(1) 同じ種類の製品の売り手の中に，生産量や販売量が圧倒的に大きな少数の企業があると，価格は，その少数の企業が足並みをそろえて設定するものになりやすい。このような価格を何といいますか。

〔　　　　　　　　　〕

☑(2) (1)のような価格が消費者にとって不利である点を，次のア〜ウから1つ選びなさい。〔　　　〕

ア　企業間の協定で価格がつり上げられることがある。
イ　他社製品の値上げに便乗する場合が少ない。
ウ　供給量が需要量より多いと，価格が大幅に上がる。

☑(3) (1)の価格や不公正な取り引きについて，独占禁止法を運用しながら監視している政府の機関を何といいますか。

〔　　　　　　　　　〕

☑(4) 電気，ガス，水道などの公共料金は，国や地方公共団体がその価格を決めたり，認可したりしている。その理由として正しいものを，次のア〜ウから1つ選びなさい。

〔　　　〕

ア　国や地方公共団体の収入となるため。
イ　価格が大きく上下すると，国民の生活に大きな影響を与えるため。
ウ　電力会社やガス会社の利益を守るため。

1 【市場経済と価格のはたらき】【特別な価格】
次の各問いに答えなさい。

（思考）(1) 右の図は，ある商品の需要と供給の関係を
示している。この図について述べた次の文を
読んで，あとの各問いに答えなさい。

　この商品の価格が400円のとき，需要量は
[A]個，供給量は[B]個となり，売れ残
りが発生するため，価格は[X]。いっぽう，
価格が200円のとき，需要量は[C]個，供
給量は[D]個となり，品不足が発生するた
め，価格は[Y]。このように，需要と供給
の間には，初めはへだたりがあっても，市場
において価格が変動することによって，需要量や供給量が自然に調整され，価格もし
だいに落ち着くという現象がみられる。

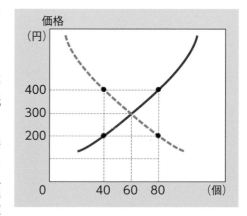

①　文中の[A]～[D]にあてはまる数字をそれぞれ答えなさい。

　　　　　　　　　　　　　　　　　A〔　　　　　　〕　B〔　　　　　　〕
　　　　　　　　　　　　　　　　　C〔　　　　　　〕　D〔　　　　　　〕

②　文中の[X]，[Y]にあてはまる内容を，それぞれ簡潔に書きなさい。

　　　　　　　　　　　　　X〔　　　　　　　　　〕　Y〔　　　　　　　　　〕

③　文中の下線部について，このようにして決まった価格を何といいますか。

　　　　　　　　　　　　　　　　　　　　　　　　〔　　　　　　　　　〕

④　図から，この商品の③の価格はいくらですか。

　　　　　　　　　　　　　　　　　　　　　　　　〔　　　　　　　　　〕

(2)　(1)のような価格のはたらきが機能しないと，消費者は不当に高い価格を支払わされ
ることになりかねない。これを防ぐために，自由競争をうながす目的で定められてい
る法律を何といいますか。

　　　　　　　　　　　　　　　　　　　　　　　　〔　　　　　　　　　〕

(3)　(2)の法律に基づき，監視や指導を行っている行政機関を何といいますか。

　　　　　　　　　　　　　　　　　　　　　　　　〔　　　　　　　　　〕

（√よくでる）(4)　国民の生活に関係の深い公共料金は，(1)のようには決められない。公共料金にあて
はまらないものを，次のア～カからすべて選びなさい。

　　　　　　　　　　　　　　　　　　　　　　　　〔　　　　　　　　　〕

ア　バス運賃　　　イ　電気料金
ウ　新聞代　　　　エ　郵便料金
オ　映画鑑賞料金　カ　水道料金

2 【市場経済と価格のはたらき】
右の資料を見て，次の各問いに答えなさい。

(1) 右の**資料**は，東京都中央卸売市場における月ごとのすいかの入荷量を表している。すいかの価格を折れ線グラフに表すと，およそどのような形になると考えられるか，最も適切なものを次の**ア〜エ**から1つ選びなさい。〔　　　〕

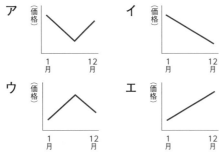

資料　すいかの入荷量

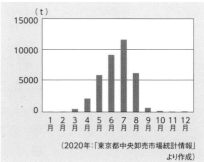

(2020年：「東京都中央卸売市場統計情報」より作成)

(2) (1)の答えを選んだ理由を，簡潔に説明しなさい。

〔　　　　　　　　　　　　　　　　　　　　　　　　　　　　　　　　〕

入試レベル問題に挑戦

3 【市場経済と価格のはたらき】
キャベツなどの野菜はとれすぎた場合，大量に廃棄処分されることがある。その理由について述べた次の文中の　X　〜　Z　にあてはまる語句を，あとの**ア，イ**からそれぞれ選びなさい。

X〔　　　〕Y〔　　　〕Z〔　　　〕

　右の図がキャベツの需要と供給の関係を示したものであるとすると，キャベツがとれすぎた場合，図中の　X　は，　Y　に移動するため，価格は　Z　する。しかし，キャベツは，価格が　Z　しても，需要が大幅に増える商品ではないため，農家の利益にはつながらず，そのため，キャベツを廃棄処分しなくてはならないことがある。

X　ア　需要曲線　　イ　供給曲線
Y　ア　右　　　　　イ　左
Z　ア　上昇　　　　イ　下落

3 生産と企業・労働

攻略のコツ 株式会社のしくみをよく理解しておこう。労働三法や雇用の変化も重要！

テストに出る！ 重要ポイント

● **生産のしくみと企業**
❶ **資本主義経済**…資本で商品を生産し，**利潤**を生み出す経済。
  └利益
❷ 企業が分業で商品を生産，貨幣で**交換**。
❸ 企業の種類…**公企業**，利潤を目的とする**私企業**。
  └民間企業
❹ 中小企業…企業数の99％以上。ベンチャー企業の活躍。

● **株式会社**
❶ **株式会社**…少額の**株式**を発行して，資金を広く集める。
❷ **株主**…**株主総会**へ出席。**配当**を受け取る。**有限責任**。
  └利潤の分配   └出資額以上の負担はない

● **労働者の権利**
◇労働三法…労働条件の最低基準を定める**労働基準法**，労働組合の結成を認める**労働組合法**，労働関係調整法。

● **労働環境の変化**
❶ 雇用の変化…**終身雇用**，**年功序列賃金**⇨能力主義，成果主義。
❷ 労働形態の変化…派遣，パートなど非正規労働者の増加。
❸ 対策…**ワーク・ライフ・バランス**の実現を目指す取り組み。

Step 1　基礎力チェック問題

解答▶ 別冊p.15

1 次の〔　　〕にあてはまるものを選ぶか，あてはまる語句を書きなさい。

☑ (1) 資本を使って商品を生産することで，利潤を生み出す経済のしくみを〔　　　　　　　〕という。

☑ (2) 企業には，国や地方公共団体などが経営する公企業と，民間が経営する〔　　　　　　　〕とがある。

☑ (3) 民間が経営する企業は，〔　　　　　〕を得ることを目的としている。

☑ (4) 株式会社は，広く資金を集めるために少額の〔　　　　　　　〕を多数発行する。

☑ (5) 株式会社の経営において，重要な事項を決定する最高の議決機関を〔　　　　　　　〕という。

☑ (6) 労働者が団結して労働条件の改善のために活動することを保障する法律は〔　労働基準法　労働組合法　労働関係調整法　〕である。

☑ (7) これまで大企業を中心に採用されてきた，定年まで雇うことを保障する〔　　　　　　　〕制は，近年，見直す企業が出てきている。

☑ (8) アルバイトやパート，派遣労働者，契約労働者などの〔　正規　非正規　〕労働者が増加している。

得点アップアドバイス

1 ....

ヒント　最高の議決機関
(5) 株式を買った人々による会議で，決算の承認や取締役の選出などを行う。

注意　労働三法
(6) 労働条件の最低基準を定めた法律や，労働争議の解決法などを定めた法律と間違えないように！

2 【株式会社】

次の各問いに答えなさい。

☑(1) 株式会社について述べた文として誤っているものを，次のア～オから2つ選びなさい。

〔　　　〕〔　　　〕

ア　会社は株式を発行して，資金を一般から集める。

イ　株主は，会社の経営について，無限に責任を負っている。

ウ　株式会社では，株主総会が最高の議決機関である。

エ　会社の経営者（役員）は，その会社の従業員によって選出される。

オ　株主は，利潤の一部を配当として受け取る。

☑(2) 一定の要件を満たしている株式は，□□□□取引所で売買される。□□□□にあてはまる語句を書きなさい。〔　　　　　　〕

3 【生産のしくみと企業】

次の各問いに答えなさい。

☑(1) 右の図中のア～ウは，日本の製造業における，大企業と中小企業の事業所数，従業者数，出荷額の割合のいずれかを示している。事業所数にあたるものを1つ選びなさい。

〔　　　〕

☑(2) 情報通信技術（ICT）や先端技術の分野で多くみられる，独自の技術やアイデアをいかした事業を行う中小企業を何といいますか。

〔　　　　　　　　〕

（アは2017年，イとウは2018年）（製造業）

ア	大企業 52.5%	中小企業 47.5%
	－1.0%	
イ		99.0%
ウ	32.1%	67.9%

従業者数300人以上　従業者数1～299人

（2020/21年版「日本国勢図会」）

4 【労働者の権利】

次の各問いに答えなさい。

☑(1) 次の日本国憲法第22条①の条文中の□□□□にあてはまる語句を，あとのア～エから1つ選びなさい。

〔　　　〕

「何人も，公共の福祉に反しない限り，居住，移転及び□□□□の自由を有する。」

ア　就業　　イ　職業選択　　ウ　勤労　　エ　転職

☑(2) 労働条件の基本原則や，労働条件の最低基準を具体的に定めている，1947年に施行された法律を何といいますか。〔　　　　　　〕

☑(3) (2)の法律では，労働時間は，1日につき□①□時間以内，1週につき□②□時間以内と定めている。□①□，□②□にあてはまる数字をそれぞれ答えなさい。

①〔　　　　〕②〔　　　　〕

2

確認 **株式会社の特色**

(1) 会社が倒産しても，株主は，出資額の範囲で損失を負担する。また，人々が株式を売買するのは，主に株価の変動や配当によって利益を得るためである。

3

ヒント **事業所数**

(1) 日本では，中小企業が圧倒的に多い。なお，出荷額は大企業が大規模に大量生産を行うため，事業所数に対して圧倒的に多くなる。

4

確認 **(2)(3)の法律の内容**

(2)(3) 男女同一賃金，年少者や女性の保護などについても定めている。また，この法律を事業主に守らせるため各都道府県に労働基準監督署が設置されている。

1 【株式会社】

株式会社のしくみを示した右の図を見て，次の各問いに答えなさい。

✓よくでる (1) 図中の2つの**X**に共通してあてはまる語句を書きなさい。　〔　　　　　〕

(2) 図中の**Y**を何というか。次のア～エから1つ選びなさい。　〔　　　　　〕

　　ア　利子　　イ　報酬(ほうしゅう)
　　ウ　配当　　エ　手数料

(3) 図中の**Z**は，**X**総会で選ばれた専門の経営者による会議である。**Z**にあてはまる語句を，漢字4字で答えなさい。　〔　　　　　　　　　〕

図中：
出資／株式発行／Ｙ（利潤(りじゅん)の一部）／出席
株式会社
Ｚ → 方針の決定
役員 ← 社員
会社の経営方針を決定 役員を選出
Ｘ総会

2 【生産のしくみと企業】

中小企業(きぎょう)の特色について，適当でないものを，次のア～エから1つ選びなさい。　〔　　　　　〕

　ア　日本の企業のうち，中小企業の占(し)める割合は小さい。
　イ　先端(せんたん)技術を生み出すなど，ベンチャー企業として期待されるところもある。
　ウ　日本では，自動車産業などで，親会社の系列の下請(う)け会社も多く見られる。
　エ　大企業に比べ，1人あたりの利益や，生産する効率（生産性）は一般(いっぱん)的に低い。

3 【労働者の権利】

次のA～Dは，憲法や法律の条文の内容である。これを読んで，あとの各問いに答えなさい。

A　すべて国民は，□□□□の権利を有し，義務を負(お)ふ。

B　①勤労者の団結する権利及び②団体交渉(こうしょう)その他の団体行動をする権利は，これを保障する。

C　事業主は，労働者の募集及び採用について，その性別にかかわりなく均等な機会を与(あた)えなければならない。

D　労働者は，その養育する1歳(さい)に満たない子について，その事業主に申し出ることにより，□□□□休業をすることができる。

(1) Aは国民の権利と義務の1つについて定めた憲法の条文である。条文中の□□□□にあてはまる語句を答えなさい。　〔　　　　　　　　　〕

(2) Bの下線部①や②について具体的に規定している，1949年に公布された法律は何ですか。　〔　　　　　　　　　〕

✓よくでる (3) Cについて，このように募集・採用・配置・昇進(しょうしん)などの面で，女性差別を禁止した法律を何といいますか。　〔　　　　　　　　　〕

(4) Dについて，この法律は，男女が平等に働く機会を確保するために必要な休業について定めたものである。条文中の□□□□にあてはまる語句を答えなさい。
　　　　　　　　　　　　　　　　　　　　　　　　　　　〔　　　　　　　　　〕

4 【労働環境の変化】

次の各問いに答えなさい。

(1) かつて，日本の企業は定年までの雇用を保障していることが一般的であったが，このような雇用形態を何といいますか。〔　　　　　　　　〕

ミス注意 (2) 現代の雇用について述べた文として誤っているものを，次のア～エから1つ選びなさい。〔　　　〕

ア　能力主義や成果主義の賃金を導入する企業が増えている。

イ　雇用の不安定な非正規労働者のためのセーフティネットが必要である。

ウ　少子化が進み，外国人労働者の受け入れが進んでいる。

エ　労働時間が長く，ほとんどの企業は週休2日制を導入していない。

(3) 近年，労働条件の改善などによって目指されている，仕事と仕事以外の家庭生活や地域生活を調和させることを何というか。「バランス」の語句を使ってカタカナで答えなさい。

〔　　　　　　　　　　　　　　　　〕

(4) 仕事を分け合うことで一人あたりの労働時間を減らし，雇用機会を創出して失業者を減らそうとするしくみを何といいますか。

〔　　　　　　　　　　　　　　　　〕

(5) 自宅などで，情報通信技術（ICT）を活用して，時間や場所にとらわれずに働く形態を何というか。カタカナ5字で答えなさい。

〔　　　　　　　　　　　　　　　　〕

入試レベル問題に挑戦

5 【労働環境の変化】

次の資料Ⅰ，Ⅱから読み取れる女性労働者の問題を簡潔に書きなさい。

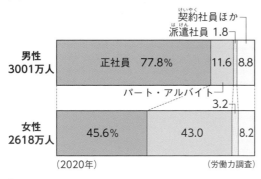

資料Ⅰ　男女別の雇用形態別労働者の割合

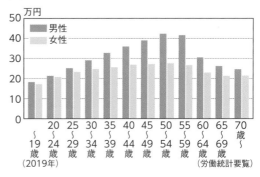

資料Ⅱ　男女別の年齢階級別賃金格差

〔

〕

4 金融のしくみとはたらき

攻略のコツ 直接金融と間接金融，日本銀行の役割と金融政策が問われやすい。

テストに出る！ **重要ポイント**

● **金融のしくみと
はたらき**

❶ **金融**…家計や企業間での資金の融通。**直接金融**と**間接金融**。
❷ 銀行…預金業務，貸し出し業務，為替業務。利子の差額を収
入としている。

● **日本銀行の役割と
物価**

❶ **日本銀行**の位置づけと役割…唯一の**中央銀行**。発券銀行，
政府の銀行，銀行の銀行。
❷ **インフレーション**（インフレ）…物価が継続的に上昇。
❸ **デフレーション**（デフレ）…物価が継続的に下落。
❹ **金融政策**…景気や物価の安定を図る**公開市場操作**が中心。
不景気のとき⇨資金の流通量を**増やす**。好景気のとき⇨資金
の流通量を**減らす**。

● **金融の国際化**

❶ **為替相場**（為替レート）…他国通貨との**交換比率**。
❷ **円高・円安**…円高⇨日本の輸出に不利，輸入に有利。円安
⇨日本の輸出に有利，輸入に不利。

Step 1 基礎力チェック問題

解答 別冊p.16

1 次の〔　　〕にあてはまるものを選ぶか，あてはまる語句を書き
なさい。

☑(1) 資金に余裕がある人と資金が不足している人との間で行われる，資
金の貸し借りを〔　　　　　　　〕という。

☑(2) 株式などを発行して資金を調達することを〔　直接　　間接　〕金融，
銀行などを通じて借り入れることを〔　直接　　間接　〕金融という。

☑(3) 日本銀行の役割は，発券銀行，銀行の銀行，〔　　　　　　　〕の
銀行である。

☑(4) 日本銀行の金融政策は，日本銀行が一般の銀行と国債や手形を売買
する〔　　　　　　　〕が中心となっている。

☑(5) 好景気のときは，日本銀行は国債などを〔　売り　　買い　〕，資金
の流通量を減らして景気の過熱を抑える。

☑(6) 1ドルが120円から100円になるなど，外国の通貨に対し，円の価
値が高くなることを〔　円高　　円安　〕という。

得点アップアドバイス

1

確認 **金融の種類**

(2) 銀行からお金を借り
ることは，銀行を仲立ち
として，銀行への預金者
からお金を借りることに
なる。

ヒント **日本銀行の役割**

(3) 日本銀行の3つの役
割のうち，日本銀行券
（紙幣）を発行する発券
銀行，一般の銀行に資金
の貸し出しを行ったりす
る銀行の銀行と，もう1
つの役割。

2 【金融のしくみとはたらき】【日本銀行の役割と物価】
次の各問いに答えなさい。

- ☑(1) 企業が，株式や債券を発行し，資金を調達するしくみを何というか。漢字4字で答えなさい。　〔　　　　　　〕

- ☑(2) 金融機関としてあてはまらないものを，次の**ア〜エ**から1つ選びなさい。　〔　　　　　　〕

  ア 電話会社　　**イ** 証券会社　　**ウ** 保険会社　　**エ** 信用金庫

- ☑(3) 次の文中の_____に共通してあてはまる語句を答えなさい。

  ◇ 銀行は，お金を貸し付けた企業や個人から受け取る_____と，預金者に支払う_____との差額を自らの収入としている。
  〔　　　　　　〕

- ☑(4) 日本銀行は，わが国の紙幣である_____を発行できる唯一の銀行である。_____にあてはまる語句を，漢字5字で答えなさい。
  〔　　　　　　〕

3 【日本銀行の役割と物価】
次の文を読んで，あとの各問いに答えなさい。

　日本銀行は，その役割から a「銀行の銀行」，「政府の銀行」と呼ばれている。また，日本銀行は，一般の金融機関を通じて，国内に流通する通貨量を調整し，b経済の安定を図る金融政策も行っている。

- ☑(1) 下線部aについて，日本銀行のもう1つの役割は何ですか。
  〔　　　　　　〕

- ☑(2) 下線部bについて，金融政策のうち，国債などを売買して，景気や物価の安定を図る政策を何といいますか。
  〔　　　　　　〕

- ☑(3) 下線部bについて，日本銀行が，民間の市場で債券の売買を通して市場の通貨量を増やす場合は，どのような状態のときか。次の**ア〜エ**から1つ選びなさい。　〔　　　〕

  ア 商品の売れ行きが増大しているとき
  イ 生産が縮小しているとき
  ウ 失業者が減少しているとき
  エ 労働者の賃金が上昇しているとき

- ☑(4) 次の①〜③の文にあてはまる語句を書きなさい。

  ① いろいろな商品の価格やサービス料金を総合し，平均化したもので，これが上がると，同じ額のお金で買える商品は少なくなる。

  ② ①が下がり続けると，商品の価格が下がるので，企業の利益が減り，失業者が増えることになる。

  ③ ①が上がり続けると，お金の価値が下がるので，所得が変わらなくても生活が苦しくなる。

  ①〔　　　　　〕 ②〔　　　　　　　〕 ③〔　　　　　〕

得点アップアドバイス

2

🔄 **注意 金融の種類**

(1) 金融機関などを仲立ちにしていない。

💡 **ヒント 金融機関**

(2) お金の貸し借りをする仲立ちとなるのが金融機関である。

3

💡 **ヒント 通貨量の増加**

(3) 通貨量の増加を目指すということは，市場の通貨量が減っているということである。通貨量が減るのはどのような状態のときか考えよう。

💡 **ヒント 不景気と好景気**

(4) ②は不景気のときに起こりやすく，③は好景気のときに起こりやすい。

1 【金融のしくみとはたらき】
右の図は，銀行と家計・企業とのお金の貸し出しや預金の流れを示したもので，A，Bは利子を示している。A，Bのうち，金利（利子率）が高いのはどちらか，答えなさい。また，その理由を「差額」の語句を使って簡潔に書きなさい。

```
┌─────┐      A            ┌───┐
│家計 │ ──────────────→ │銀 │
│（個人）│ ←──────────────  │   │
│・   │      貸し出し      │   │
│企業 │ ──────────────→ │行 │
│     │      預　金        │   │
└─────┘ ←──────────────  └───┘
              B
```

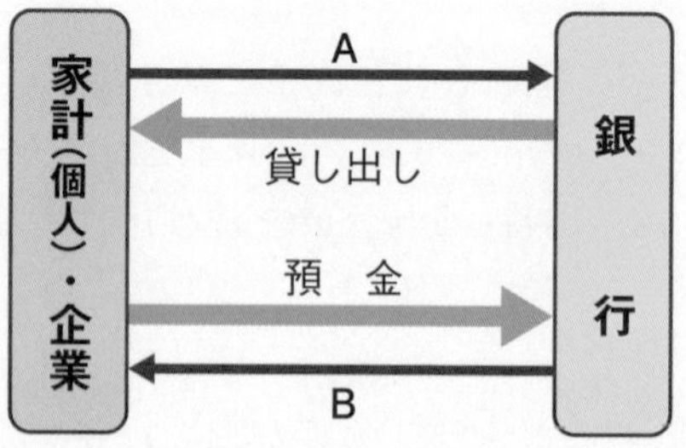

記号〔　　　〕
理由〔　　　　　　　　　　　　　　　　　　　　　　　　　　　　　　　　　　　　　〕

2 【日本銀行の役割と物価】
次の文を読んで，あとの各問いに答えなさい。

　　日本銀行は，わが国のa金融の中心として重要な役割を果たしている。日本銀行は，〔　X　〕を発行していることから「発券銀行」と呼ばれ，また，一般の銀行の預金を預かったり，逆に貸し出したりすることから「銀行の銀行」と呼ばれる。さらに〔　Y　〕を預かったり，取り扱ったりすることから，「政府の銀行」と呼ばれる。
　　日本銀行は，これらの仕事以外にも，通貨量の調整によってb景気調整を行うという大切な役割ももっている。
(1) 文中の〔　X　〕・〔　Y　〕にあてはまるものを，次のア～オからそれぞれ選びなさい。

X〔　　　〕 Y〔　　　〕

　　ア　金利　　イ　社債　　ウ　租税収入　　エ　国債　　オ　日本銀行券
(2) 下線部aについて，このような銀行を何といいますか。　　〔　　　　　　　　〕
(3) 下線部bについて，次の各問いに答えなさい。
　① 日本銀行が，景気を安定させる手段として民間金融機関との間で国債などを売買し，市場に流通している資金の量を調整する金融政策を何といいますか。

〔　　　　　　　　　〕
　② ①の政策について述べた次の文の〔　A　〕・〔　B　〕にあてはまる語句を，ア，イからそれぞれ選びなさい。

A〔　　　〕 B〔　　　〕

　　日本銀行は国債を〔A　ア　買い　イ　売り〕，民間金融機関を通じて，企業の必要な資金を増やそうとする。そして，一般に，企業の資金が増えると，家計における消費が増えて，景気の〔B　ア　回復　イ　後退〕につながると考えられる。

3 【金融の国際化】

右の表は，円とドル，ポンド，ユーロとの為替相場（かわせ）の推移を示している。表から読み取れることとして正しいものを，次のア～エから1つ選びなさい。

〔　　　〕

	1ドルあたりの円	1ポンドあたりの円	1ユーロあたりの円
2000年	114.90	171.10	106.55
2005年	117.48	203.74	139.83
2010年	81.51	126.48	107.90
2015年	120.42	178.78	131.77
2018年	110.40	140.46	127.00

（「日本の100年」）

ア 2000年に外国通貨との間で，最も円の価値が高かったのはポンドに対してである。

イ ドルに対する円の価値は，いずれの年も，他の2つの通貨より低い。

ウ ユーロに対して円の価値が最も低かったのは2010年である。

エ 2005年と2018年を比べると，どの通貨に対しても円高（えんだか）になっている。

入試レベル問題に挑戦

思考
4 【金融の国際化】

次の文は，あとの図について説明したものである。文と図中の〔　A　〕～〔　C　〕のそれぞれに共通してあてはまる数字を答えなさい。また，文中の〔　D　〕・〔　E　〕には有利・不利のいずれかを書きなさい。

A〔　　　　〕　B〔　　　　〕　C〔　　　　〕
D〔　　　　〕　E〔　　　　〕

　1ドル＝100円の為替相場から，20円の円高となり，1ドル＝〔　A　〕円になった場合，1台200万円の日本の自動車は，アメリカでは〔　B　〕ドルとなる。いっぽう，アメリカから輸入した200ドルのオレンジは，日本では〔　C　〕円となる。以上のことから，円高は，日本の輸出産業にとっては〔　D　〕となるが，日本の輸入産業にとっては〔　E　〕となる。

● 1台200万円の自動車

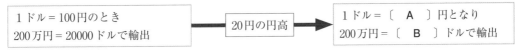

● 200ドルのオレンジ

ヒント

円高になった場合，円に対するドルの価値が下がり，ドル安となる。したがって，1ドルの価値は下がる。

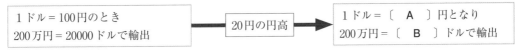

攻略のコツ　歳出の内訳，間接税，累進課税，財政政策は必ず押さえよう！

テストに出る！ **重要ポイント**

● **財政のはたらき**	❶ **財政**…政府の**歳入**・**歳出**による経済活動。 └─一年間の収入　└─一年間の支出 ❷ 役割…社会資本・公共サービスの提供，所得の再分配，景気調整。
● **国の歳出**	◇内訳…社会保障関係費，**国債費**，地方交付税交付金など。
● **国の歳入**	❶ 租税…国税，地方税，**直接税**（所得税など），**間接税**（消費税など）。所得税，相続税には**累進課税**制度を採用。 └─課税対象の金額が多いほど税率を高くする ❷ 公債…国債と地方債。財政赤字による国債発行額の増大→国債費（返済の費用）が財政を圧迫。将来世代の負担増。
● **財政の課題**	◇「**大きな政府**」を選ぶか，「**小さな政府**」を選ぶかという問題。 └─税金は高いが，社会保障は充実　└─税金は低いが，社会保障は手薄
● **景気変動**	❶ 景気変動…**好景気**⇨後退⇨**不景気**⇨回復を繰り返す。 ❷ **財政政策**…政府による景気調整。好景気のとき⇨公共事業への財政支出減，増税。不景気のとき⇨財政支出増，減税。 ❸ 経済成長…国内総生産（GDP）が増えること。

Step 1　基礎力チェック問題

解答　別冊p.17

1 次の〔　　〕にあてはまるものを選ぶか，あてはまる語句を書きなさい。

☑ (1) 国の歳出で最も多いのは，〔　社会保障関係費　　地方交付税交付金　〕である。

☑ (2) 所得税は〔　地方税　　国税　〕であり，税金を納める人と負担する人が同じ〔　直接税　　間接税　〕である。

☑ (3) 所得税や相続税には，課税対象額が多くなるほど税率が高くなる〔　　　　　　　　　〕の方法が採用されている。

☑ (4) 国が税収の不足を補うために民間から資金を借り入れることがある。そのときに発行する借金証書を〔　　　　　　　　　〕という。

☑ (5) (4)の証書の発行で得た資金を〔　　　　　　　　　〕という。

☑ (6) 景気変動は，好景気⇨〔　回復　　後退　〕⇨不景気⇨〔　回復　　後退　〕を繰り返す。

☑ (7) 政府は景気の安定を図るために，〔　　　　　　　　　〕政策を行う。

得点アップアドバイス

1

ヒント　**高齢化と歳出**

(1) 高齢化の進展によって医療費などへの支出が増大している費用は何か。

注意　**国債費との違い**

(5) これは国に入ってくるお金，国債費は国から出ていくお金である。

2 【財政のはたらき】

次の文を読んで，あとの各問いに答えなさい。

　財政の役割の１つは，_a道路や上・下水道などの公共的な施設や，警察・義務教育などの公共的なサービスを提供することである。また，_b税制や社会保障制度を通じて所得による貧富の格差を縮めることや，_c経済を安定させるための政策を実施することも重要な役割である。

☑ (1) 下線部 a を何というか，漢字４字で書きなさい。

〔　　　　　　　　〕

☑ (2) 下線部 b について説明した次の文の（　①　）・（　②　）にあてはまる語句を，それぞれ答えなさい。

①〔　　　　　　〕　②〔　　　　　　〕

　所得の（　①　）人からより多くの税金や社会保険料を徴収し，社会保障制度などを通じて，それを所得の（　②　）人に分配する。

☑ (3) 下線部 c について，政府が財政支出を通じて行う景気変動に対する政策を何というか。漢字４字で書きなさい。

〔　　　　　　　　〕

3 【国の歳入】

国の歳入の内訳を示した右の図を見て，次の各問いに答えなさい。

☑ (1) 図中の①〜③にあてはまる税を，下の説明を参考にそれぞれ答えなさい。

①〔　　　　　　〕
②〔　　　　　　〕
③〔　　　　　　〕

① 個人の所得に対して課税される。

② 会社などの所得（利益）に対して課税される。

③ 商品を買ったときに，その値段の一定の割合が税金として徴収される。

公債金 31.7

直接税

租税・印紙収入

2020年度 102.7兆円 （当初予算）

その他 6.4

その他 3.3
印紙収入 1.0

① 19.0%

② 11.8

33.1

61.9

間接税 28.8

21.2

相続税 2.3

揮発油税 2.1
酒税 1.2

（財務省資料）

☑ (2) ①の税において，所得の再分配機能の１つとして採用されている方法を，漢字４字で書きなさい。

〔　　　　　　　　〕

4 【景気変動】

次の各問いに答えなさい。

☑ (1) 経済活動が停滞し，所得の伸びが小さくなったり減少したりしているときの経済の状態を何というか，答えなさい。

〔　　　　　　　　〕

☑ (2) (1)のとき，政府は増税をするか，減税をするか。増税，または，減税で答えなさい。

〔　　　　　　　　〕

2

確認 **所得の再分配**

(2) 人々の所得を再分配し，経済格差を是正することが目的。

注意 **景気への対策**

(3) 日本銀行が行う政策と間違えないようにする。

3

ヒント **税の種類**

(1) ①・②は直接税，③は間接税であることにも着目しよう。

4

確認 **経済活動の停滞**

(1) 経済活動の停滞とは，ものの売買が活発に行われず，そのため生産や所得も伸びにくくなっている状態。

1 【国の歳出】

右のグラフを見て，次の各問いに答えなさい。

思考 (1) 国の歳出の内訳の変化について述べたものとして，誤っているものを，次のア～エから1つ選びなさい。

〔　　　　　〕

ア　この25年間で，国の歳出額は約1.4倍になっている。

イ　医療保険や年金保険などに使われる費用は，20兆円以上増加している。

ウ　地方公共団体ごとの財政収入の格差を是正するための費用はほぼ同額である。

エ　国の借金とその利子のための支払い額が，約1.8倍になっている。

1995年度（当初予算）　　75兆9385億円

| 社会保障関係費 19.2% | 国債費 16.9 | 公共事業関係費 16.8 | 地方交付税交付金 16.2 | 8.8 | 防衛関係費 | その他 |

文教・科学振興費┘　└6.2

2020年度（当初予算）　　102兆6580億円

| 社会保障関係費 34.9% | 国債費 22.7 | 地方交付税交付金 15.2 | 6.7 | 防衛関係費 | その他 |

公共事業関係費┘
文教・科学振興費 5.4　　└5.2

（「日本の100年」，財務省資料）

✓よくでる (2) 1995年度から2020年度にかけて最も割合が増えている費用をあげなさい。また，この費用の増加と関係が深い社会の変化を，漢字3字で書きなさい。

費用〔　　　　　　　〕　変化〔　　　　　　　〕

2 【国の歳入】

次の各問いに答えなさい。

(1) 国の歳入や租税について述べた文として誤っているものを，次のア～エからすべて選びなさい。　〔　　　　　〕

ア　所得税や法人税は，税を負担する人が国に直接納める税である。

イ　歳入に占める間接税の中で，最も割合が大きいのは酒税である。

ウ　自動車税や固定資産税は，地方公共団体の財源となる。

エ　現在，歳入の7割近くが，国の借金となっている。

✓よくでる (2) 所得税に採用されている累進課税について，どのようなしくみか簡潔に説明しなさい。　〔　　　　　　　　　　　　　　　　〕

(3) 消費税について述べた文として正しいものを，次のア～ウから1つ選びなさい。

〔　　　　　〕

ア　所得が少ない人ほど，所得に占める税負担の割合が高くなる傾向がある。

イ　すべて地方公共団体に納められる地方税の1つである。

ウ　食料品にかかる税率が，ほかの物品にかかる税率よりも高い。

(4) 次のア～ウのグラフは，日本（2019年度），イギリス，アメリカ（2016年度）のいずれかの直接税と間接税の比率を示している。このうち，日本のグラフを選びなさい。

〔　　　　　〕

ア | 直接税 78% | 間接税 22 |

イ | 直接税 57% | 間接税 43 |

ウ | 直接税 67% | 間接税 33 |

✔よくでる

3 【景気変動】

右の図を見て，次の各問いに答えなさい。

(1) 右の図は，景気の変動を模式的に表したものである。図中の**A〜D**の各時期における，生産や雇用などの状況を比較（ひかく）してまとめた次の**ア〜エ**の文のうち，**D**の時期の特徴（とくちょう）を説明したものを１つ選びなさい。 〔　　　　〕

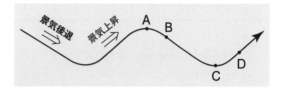

ア　生産や雇用が増加傾向（けいこう）にあり，倒産（とうさん）や失業はしだいに減少している。

イ　生産や雇用が最も多い状況であり，倒産や失業はわずかである。

ウ　生産や雇用が減少傾向にあり，倒産や失業はしだいに増加している。

エ　生産や雇用が最も少ない状況であり，倒産や失業は激増している。

(2) 図中の**A**の時期に行われる財政政策を，次の**ア〜エ**から１つ選びなさい。 〔　　　　〕

ア　増税する。　　　　　　イ　手形などを売る。

ウ　国債（こくさい）などを買い取る。　　エ　公共事業への支出を増やす。

入試レベル問題に挑戦

思考 **4** 【財政の課題】

今後の日本の財政を考える上で，資料Ⅰ，Ⅱを用意した。資料ⅠのXを日本とした場合，Yにあてはまる国はどこか，資料Ⅱから１つ選んで書きなさい。また，その理由を簡潔に書きなさい。

資料Ⅰ

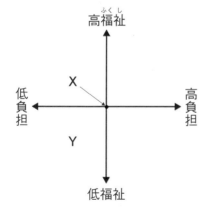

資料Ⅱ

国	国民負担率（％）	国民所得に占める社会保障支出の割合（％）
日本	42.6	30.3
イギリス	46.5	30.9
アメリカ	33.3	23.8
フランス	67.1	45.5
スウェーデン	56.9	41.4

※国民負担率は，国民所得に占める国民の税負担と社会保障費の負担を示す。　　（2015年）（厚生労働省資料）

国〔　　　　　　〕

理由〔　　　　　　　　　　　　　　　　　　　　　　　　　　　　〕

ヒント

国民負担率が日本よりも低い国はどこか。

国民生活の向上と福祉

リンク
ニューコース参考書
中学公民
p.184～191

攻略のコツ 社会保障制度の4つの柱や少子高齢化の背景と影響を押さえておこう！

テストに出る！ **重要ポイント**

● 社会保障	◇日本国憲法第25条の**生存権**に基づき整備されている。
● 社会保障制度	❶ **社会保険**…保険料を積み立て，高齢・病気・失業などのときに給付を受ける制度。医療保険，年金保険，**介護保険**など。 ❷ **公的扶助**…生活保護法に基づき，困窮者へ生活扶助など。 ❸ **社会福祉**…高齢者，母子福祉など社会的弱者の生活保障。 ❹ **公衆衛生**…感染症対策など国民の健康増進を目的とする。 ❺ **自助・共助・公助**の組み合わせで持続可能な社会保障制度に。 └社会保険 └公的扶助，社会福祉，公衆衛生
● 少子高齢化と 社会保障の課題	❶ 背景…合計特殊出生率の低下，平均寿命の延び。 ❷ 課題…財源不足⇨給付額，保険料の格差。
● 公害の防止と 環境の保全	❶ 公害…四大公害病など⇨公害対策基本法⇨環境基本法。 ❷ **循環型社会**…リデュース，リユース，リサイクルの3R。
● 日本経済の課題	◇グローバル経済への対応…産業の空洞化，**世界金融危機**など。 └2008年

Step 1 基礎力チェック問題

解答 別冊p.18

1 次の〔　　　〕にあてはまるものを選ぶか，あてはまる語句を書きなさい。

☑ (1) 社会保障は憲法第25条で規定された〔　　　　　　　　　　〕権に基づく。

☑ (2) 社会保険のうち，〔 医療保険　雇用保険 〕は，病院で治療を受けたときなどに給付を受けるものである。

☑ (3) 社会保険のうち，〔　　　　　　　　〕は，一定の年齢になったり，障がいがあったりした場合に給付を受けるものである。

☑ (4) 少子高齢化が進み，2000年から〔　　　　　　　　〕が導入された。

☑ (5) 障がいのある人々や高齢者などに対して，生活の保障や支援サービスを提供する制度を〔 公的扶助　社会福祉 〕という。

☑ (6) 国民の税金などの負担が大きいが，充実した社会保障を提供する政府を〔 大きな政府　小さな政府 〕という。

☑ (7) 公害対策基本法に代わって，地球規模の環境保全の施策の推進などを目的として，1993年に制定された法律は〔　　　　　　　　〕である。

得点アップアドバイス

1

✓**確認** **日本国憲法
第25条①**

(1) 「すべて国民は，健康で文化的な最低限度の生活を営む権利を有する。」と規定されている。

ヒント　40歳以上

(4) 40歳以上の人が加入し，介護が必要になったときに介護サービスを受けられる制度である。

2 【社会保障制度】

次の各問いに答えなさい。

☑(1) 日本の社会保障は，日本国憲法第25条①の生存権に基づいている。その条文である次の文中の□□□にあてはまる語句を答えなさい。

〔　　　　　　　　　〕

> すべて国民は，□□□で文化的な最低限度の生活を営む権利を有する。

☑(2) 日本の社会保障制度について，次の図中の（　①　）～（　④　）にあてはまる語句を書きなさい。

①〔　　　　　　　　　〕　②〔　　　　　　　　　〕

③〔　　　　　　　　　〕　④〔　　　　　　　　　〕

社会保障制度
- 社会保険 ── 医療保険　病気やけがのとき，一部の負担で治療が受けられる。
　　　　　　── 介護保険　介護が必要になったときに必要なサービスを受けられる。
　　　　　　──（　①　）　老後の生活費が支給される。
　　　　　　── 雇用保険　失業したとき，一定期間，失業前の賃金の一部が保障される。
- （　②　）── 生活保護
- （　③　）── 高齢者・障がい者・児童などへの支援
- （　④　）── 感染症の予防など

3 【公害の防止と環境の保全】

次の各問いに答えなさい。

☑(1) 四大公害病のうち，神通川流域で発生した公害病を，次のア～エから1つ選びなさい。

〔　　　　　　　　　〕

ア　四日市ぜんそく　　　イ　新潟水俣病
ウ　水俣病　　　　　　　エ　イタイイタイ病

☑(2) 公害対策のために国が1971年に設置した機関は，2001年にその名称が変わった。この機関の現在の名称を書きなさい。

〔　　　　　　　　　〕

☑(3) ものを大量生産・消費・廃棄することを見直し，環境に与える負担の少ない社会を何といいますか。

〔　　　　　　　　　〕

☑(4) (3)の社会を実現するために3Rを推進することが大切である。3Rを説明した次の①～③をそれぞれ何というか，カタカナで答えなさい。

①　できる限り再使用すること。　　　　　　〔　　　　　　　　〕
②　ごみを減らすこと。　　　　　　　　　　〔　　　　　　　　〕
③　ごみを再生利用すること。　　　　　　　〔　　　　　　　　〕

得点アップアドバイス

2

確認　**生存権**

(1) 生存権は，教育を受ける権利，勤労の権利などとともに社会権の1つ。

3

ヒント　**カドミウム**

(1) 富山県で，カドミウムが原因で起こった公害病である。

1 【社会保障】【社会保障制度】

次の文を読んで，あとの各問いに答えなさい。

　わが国の社会保障制度は，日本国憲法第25条で「すべて国民は，健康で文化的な最低限度の生活を営む権利」と規定された　　　　　に基づいて整備された。この制度は，各種の年金を含む a 社会保険，生活扶助を含む b 公的扶助，高齢者や障がい者などの生活を保障するための c 社会福祉，および d 公衆衛生の４つの柱からなっている。この制度の充実は，高齢化が進む日本では，重要な課題である。

✓よくでる (1)　文中の　　　　　にあてはまる語句を書きなさい。　　　　　　　　〔　　　　　　　〕

ミス注意 (2)　次の①～④は，文中の下線部 a ～ d のどれと最も関係が深いか。それぞれ選び，記号で答えなさい。

　　　　　　　　　　　　　①〔　　　〕 ②〔　　　〕 ③〔　　　〕 ④〔　　　〕

　①　Eさんは，インフルエンザにかからないように，保健所で予防注射を行った。

　②　Fさんは，老後に働けなくなったときのために備えて，毎月一定額が給料から引かれている。

　③　Gさんは，重い病気の後遺症で働けなくなり，市に申請して生活保護を受けている。

　④　Hさんは，事故のために体が不自由になったが，障害者職業能力開発校に通って，自立のための技術を身につけるよう努めている。

(3)　文中の a の１つである介護保険について述べた文として，誤っているものを，次のア～エから１つ選びなさい。

　ア　少子高齢化の進展に伴って，2000年に導入された制度である。　　　　〔　　　　〕

　イ　加入者は保険料を支払い，必要な条件を満たしたときに給付を受ける。

　ウ　介護サービスを受けることを希望する人全員が加入できる。

　エ　入浴や食事の援助などの在宅サービスや施設サービスなどがある。

(4)　下線部 c の社会福祉は，自助，共助，公助の考え方のうち，どれにあてはまるか。

　　　　　　　　　　　　　　　　　　　　　　　　　　　　　　　　〔　　　　　　　〕

2 【公害の防止と環境の保全】

次の①～③の　　　　　にあてはまる語句を，あとのア～ウからそれぞれ選びなさい。

　①　1960年代に高まった住民運動や世論によって，1967年に　　　　　が成立し，1971年には環境庁が設置された。　　　　　　　　　　　　　　　　　　　　〔　　　　〕

　②　生産活動による公害が減ってくると，騒音やごみ問題などの生活公害が大きな問題になり，①の法律をさらに発展させた　　　　　が1993年に制定された。

　　　　　　　　　　　　　　　　　　　　　　　　　　　　　　　　〔　　　　〕

　③　採取した資源を有効に活用し，廃棄物を最小限に抑え，持続可能な社会を目指す　　　　　が2000年に制定され，いくつかのリサイクル法も制定された。

　　　　　　　　　　　　　　　　　　　　　　　　　　　　　　　　〔　　　　〕

　　ア　環境基本法　　イ　公害対策基本法　　ウ　循環型社会形成推進基本法

3 【日本経済の課題】

次の文を読んで，あとの各問いに答えなさい。

　日本企業は高い技術力をいかした「ものづくり」が強みであったが，経済のグローバル化が進み，　a　により，産業の空洞化が進んだ。また，外国産の安い農産物が輸入され，食料自給率の低下と農業の衰退をまねいた。これからの日本経済のあり方として，情報通信技術（ICT）やb人工知能を活用して新たな産業を創出したり，地域独自のブランドをいかして農林水産業を再生したりすることが求められている。

(1)　　a　にあてはまる内容として正しいものを，次のア～エから1つ選びなさい。〔　　　〕

　　ア　地価と株価が下落して，バブル経済が崩壊したこと

　　イ　消費税率が上がり，消費が落ち込んだこと

　　ウ　企業が安い土地や労働力を求めて，工場を海外に移転したこと

　　エ　物価の下落と景気の悪化が循環するデフレスパイラルが発生したこと

(2)　下線部bについて，人工知能の略称をアルファベット2字で答えなさい。

〔　　　　　〕

入試レベル問題に挑戦

【社会保障制度】

4

次の文は，資料Ⅰ，Ⅱから読み取ったことをまとめたものである。あとの各問いに答えなさい。

社会保険料を支払う〔　X　〕ため，社会保障の財源全体に占める〔　Y　〕。

資料Ⅰ　年齢別人口の推移

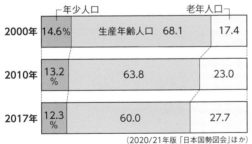

（2020/21年版「日本国勢図会」ほか）

資料Ⅱ　社会保障の財源の割合の推移

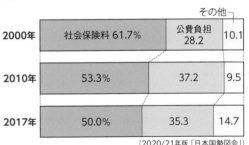

（2020/21年版「日本国勢図会」）

(1)　文中の下線部について，社会保険のうち，仕事中や通勤中に病気・けが・死亡した場合に給付を受けるものを何といいますか。〔　　　　　〕

(2)　文中の〔　X　〕にあてはまる内容を資料Ⅰから読み取り，「生産年齢人口」の語句を使って簡潔に書きなさい。

〔　　　　　　　　　　　　　　　　　　　　　　　　　　　　　〕

(3)　文中の〔　Y　〕にあてはまる内容を資料Ⅱから読み取り，「社会保険料」「公費負担」の語句を使って簡潔に書きなさい。

〔　　　　　　　　　　　　　　　　　　　　　　　　　　　　　〕

定期テスト予想問題 ④

時間 50分
解答 別冊p.19

得点 /100

1 次の文を読んで，あとの各問いに答えなさい。 【3点×4】

　家計の収入には，_a会社や役所などに勤めて得る収入や，個人が商店や工場などを経営することによって得る収入などがある。これらの収入は，さまざまな目的で支出されるが，食料費など毎日の生活に必要な消費支出が最も大きな割合を占めている。

　現代は消費社会と呼ばれるほど，_b消費が生活のすみずみまで浸透しているが，消費者が自らの判断で商品を購入するというよりも，企業の宣伝や広告につられて商品を購入する傾向がある。このような傾向が強くなると消費者が不利益を受けることにもなりかねないため，行政側も_c消費者の権利を守るための法律を整備している。

(1) 下線部aについて，このようにして得られる収入を何といいますか。

(2) 下線部bについて，次の各問いに答えなさい。

① 消費について述べた文として正しいものを，次のア～エから1つ選びなさい。

　ア　クレジットカードは，前払いした金額分を後から使うので，支払い能力以上にお金を使うことが多い。

　イ　欠陥商品で被害を受けたときに，企業の過失を証明できなくても，企業に損害賠償を求めることができる。

　ウ　訪問販売で商品を購入した場合には，直接説明を受けて契約をしたので，契約を取り消すことはできない。

　エ　電気，水道などの公共料金は生活への影響が大きいので裁判所の審議と認可が必要である。

② 右の**資料**から読み取れることとして正しいものを，次のア～エから1つ選びなさい。

　ア　2019年の消費支出の総額は，1970年の3倍以上となっている。

　イ　1990年は，1970年よりも金額が増えたのは2項目のみである。

　ウ　2019年の食料費は，1990年よりも3000円以上増えている。

　エ　2019年の交通・通信費は，1970年のおよそ5倍に増えている。

資料　1世帯あたり1か月間の消費支出の内訳

	被服・履物		教養娯楽		
1970年 7万9531円	食料 34.1%	9.5	9.0		その他 37.3

交通・通信5.2　　住居4.9

1990年 31万1174円	25.4%	7.4	9.7	9.5	43.2

3.7　　　　4.8　　5.8

2019年 29万3379円	25.7%	10.0	14.9	39.9

(二人以上世帯)　　　　(2020/21年版「日本国勢図会」)

(3) 下線部cについて，2004年に制定された，消費者の権利を明確化するとともに企業と行政の責任などを定めた法律を何といいますか。

(1)		(2)①	②	(3)	

2 右の図は，ある商品について，需要・供給と価格の関係を示したものである。この図について述べた，次の文章を読んで，あとの各問いに答えなさい。【(1)は7点。(2)は3点】

この商品の価格が X_1 であった場合，□□□□□□□□□，需要量と供給量が一致するときの価格である X にしだいに近づいていく。

(1) 文中の□□□にあてはまる内容を需要量と供給量の関係，その後の価格の動きに着目して簡潔に書きなさい。

(2) 下線部の価格を何といいますか。

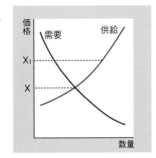

(1)		(2)	

3 右の図を見て，次の各問いに答えなさい。【3点×5】

(1) 図中の**X**にあてはまるものを，次の**ア〜ウ**から1つ選びなさい。

　ア　政府　　イ　家計　　ウ　企業

(2) 図中の**Y**について，□□□の発行によって得られた資金をもとに設立される企業を□□□会社という。□□□にあてはまる語句を答えなさい。

(3) 図中の日本銀行について述べた文として正しいものを，次の**ア〜エ**から1つ選びなさい。

　ア　日本銀行は，景気がよいときも悪いときも，常に同じ量の通貨を提供する義務があり，通貨の発行量は景気によって左右されることはない。

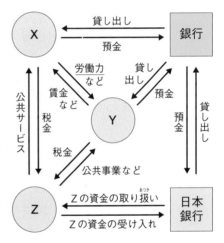

　イ　日本銀行は，日本で紙幣を発行できる唯一の機関で，日本銀行以外の組織が紙幣を発行することはできない。

　ウ　日本銀行は，政府の銀行の役割を果たしているので，政府に関わる国の予算を国会に提出する義務がある。

　エ　日本銀行は，企業や家計からお金を預かり，必要な場合には，貸し出し業務も行うことができる。

(4) 図中の下線部の労働力について，次の各問いに答えなさい。

　① 労働者の賃金や労働条件を定めた法律を何といいますか。

　② 近年，日本で増加し，不安定な雇用が問題になっている，パートやアルバイト，派遣労働者などの労働者を何といいますか。

(1)		(2)		(3)	

(4)①		②	

4 次の資料を見て，あとの**各問い**に答えなさい。

【(2)③，(4)②・③は8点×3。他は3点×5。(2)②，(3)は完答】

資料Ⅰ　国の歳出の内訳

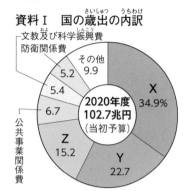

（財務省資料）

資料Ⅱ　国の歳入の内訳

資料Ⅲ　景気変動の様子

資料Ⅳ　社会保障給付費の推移

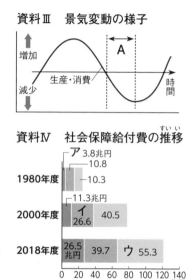

(1) **資料Ⅰ**について，グラフ中の**X・Y**にあてはまるものの組み合わせとして正しいものを，次の**ア～エ**から1つ選びなさい。

　　ア　**X**－国債費　　　**Y**－社会保障関係費

　　イ　**X**－社会保障関係費　　**Y**－国債費

　　ウ　**X**－地方交付税交付金　　**Y**－国債費

　　エ　**X**－国債費　　　**Y**－地方交付税交付金

(2) **資料Ⅱ**について，次の各問いに答えなさい。

　① グラフ中の所得税などに取り入れられている，課税対象の金額が多くなるほど税率が高くなる方式を何といいますか。

　② グラフ中の消費税や揮発油税について述べた文として正しいものを，次の**ア～エ**から2つ選びなさい。

　　ア　納税者と実際に税を負担する人が同じである。

　　イ　納税者と実際に税を負担する人が異なっている。

　　ウ　すべての人に同じ税率が課せられるので，負担の割合は平等になる。

　　エ　すべての人に同じ税率が課せられるので，所得の低い人ほど負担の割合は高くなる。

　③ グラフ中の公債金について，この割合が高まるとどんな問題が生じるかを，次の文に続けて簡潔に書きなさい。

　　　公債金は国の借金であり，その返済費用が増えるので，[　　　　　　　　　　　　]

(3) **資料Ⅲ**について，図中の**A**の時期には一般にどのような政策が行われるか。次の**ア～エ**から2つ選びなさい。

　　ア　日本銀行は，通貨量を減らすために，一般の銀行へ国債を売る。

　　イ　日本銀行は，通貨量を増やすために，一般の銀行から国債を買う。

　　ウ　政府は，公共投資をさかんに行い，減税を行う。

　　エ　政府は，公共投資の支出を減らし，増税を行う。

(4) **資料Ⅳ**について，次の各問いに答えなさい。

　① グラフ中の**ア～ウ**には，年金，医療，福祉・その他のうち，いずれかがあてはまる。このうち，年金にあてはまるものを，**ア～ウ**から1つ選びなさい。

　② グラフ中の**イ・ウ**が大幅に増えている理由を，「65歳以上」の語句を使って簡潔に

書きなさい。

③　②のような変化がこのまま続くと，どのような問題が生じるか。総人口に占める
15〜64歳の生産年齢人口の割合をふまえて，簡潔に書きなさい。

(1)		(2) ①		②		

③					(3)		

(4) ①		②	

③	

5 次の各問いに答えなさい。　　　　　　　　　　　　　【3点×8】

(1)　日本の社会保障制度について述べた文として正しいものを，次の**ア〜エ**から1つ選び
なさい。

ア　日本の社会保障制度は，基本的人権のうち，身体の自由に基づいて保障されている。

イ　少子高齢化の進展によって，年金保険制度と介護保険制度が導入された。

ウ　生活に困っている人に対して，生活費などを支給するのが社会福祉である。

エ　スウェーデンやフランスなどに比べると，日本の社会保障費の負担率や充実度は
低い。

(2)　多くの人々が社会的に共同で使用する水道や道路などの施設のことを何というか。
漢字4字で書きなさい。

(3)　環境問題について，次の年表の①〜③にあてはまる語句を，それぞれ答えなさい。
ただし，同じ番号には同じ語句が入る。

1967年	① 裁判訴訟の高まりを背景に， ① 対策基本法が制定された。
1993年	地球環境問題への対応も含めて， ② 基本法が制定された。
2000年	持続可能な社会を目指し， ③ 型社会形成推進基本法が制定された。

(4)　右の地図は，四大公害病の発生した地域を示して
いる。地図中の①〜③で発生した公害病の名前をそ
れぞれ答えなさい。

(1)		(2)			(3) ①		②	

③			

(4) ①		②		③	

1 国際社会のしくみと国際連合

リンク
ニューコース参考書
中学公民
p.198〜205

攻略のコツ 国際連合では安全保障理事会における常任理事国や拒否権がよく出る！

テストに出る！ **重要ポイント**

● **国際社会と国家**
- ❶ **主権国家**(国家)…**主権，領域，国民**からなる。
- ❷ 領域…**領土，領海，領空**。領海の外側に**排他的経済水域**。

● **国際社会のルール**
- ❶ **国際法**…主権国家が守るべきルール。国際慣習法と条約。
- ❷ **国際司法裁判所**…国家間の争いを裁く国際連合の主要機関。

● **国際連合と そのしくみ**
- ❶ **国際連合**の目的…世界の平和と安全の維持。
  └本部はニューヨーク
- ❷ **総会**…全加盟国で構成される最高機関。
- ❸ **安全保障理事会**…**常任理事国**が**拒否権**をもち，1か国でも
  └アメリカ，イギリス，フランス，ロシア，中国
  反対すると決議ができない。**平和維持活動**(PKO)。
- ❹ 経済社会理事会…**UNESCO**などの**専門機関**とともに活動。
  └国連教育科学文化機関

Step 1 基礎力チェック問題

解答 別冊p.20

1 次の〔　〕にあてはまるものを選ぶか，あてはまる語句を書きなさい。

☑(1) 国際社会は，互いに対等であり，他国からの支配や干渉を受けない〔　　　　〕国家から成り立っている。

☑(2) 国家の領域は，領土・領海・領空だが，その国の200海里以内の〔　　　　　〕では水産資源や鉱産資源の権利は沿岸国にある。

☑(3) 国際法には，国際社会の慣行によって成立した国際慣習法と，国家間の文書で約束した〔　　　　　〕がある。

☑(4) 〔　　　　　〕は，国家間の争いを法的に裁く機関である。

☑(5) 国際連合の目的は，世界の〔 統合　平和 〕と安全の維持である。

☑(6) 国際連合の主要機関のうち，〔　　　　　〕は，全加盟国で構成される最高機関である。

☑(7) 国際連合の安全保障理事会は，アメリカ，ロシア，イギリス，フランス，〔 ドイツ　中国 〕が常任理事国となっている。

☑(8) 安全保障理事会の運営は大国中心で，常任理事国に〔　　　　　〕が認められている。

☑(9) 国連の〔　　　　　〕は，紛争地域で停戦の監視などを行う活動である。

得点アップアドバイス

1

確認 国家間の文書での約束
(3) 日本では，内閣が外国と結び，国会で承認される。

ヒント 常任理事国
(7) 第二次世界大戦で勝った国々が常任理事国となっている。

2 【国際社会と国家】
右の図を見て，次の各問いに答えなさい。

☑ (1)　領空の範囲を示すものを，図中の
$\boxed{ア}$～$\boxed{ウ}$から1つ選びなさい。

〔　　　　〕

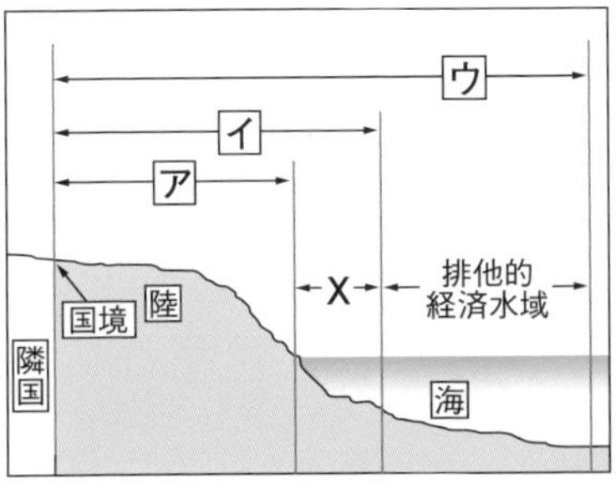

☑ (2)　沿岸から12海里までの図中の**X**の
海域を何といいますか。

〔　　　　〕

☑ (3)　排他的経済水域で沿岸国に認めら
れている権利として正しいものを，次の**ア**～**エ**から1つ選びなさい。

〔　　　　〕

ア　水域内の水産資源と鉱産資源の権利が認められている。
イ　沿岸国以外の船は，自由に航行できない。
ウ　水域内の水産資源のみの権利が認められている。
エ　水域内の鉱産資源のみの権利が認められている。

3 【国際連合とそのしくみ】
右の図を見て，次の各問いに答えなさい。

☑ (1)　図中の**A**の機関の説明とし
て誤っているものを，次の**ア**～**エ**から1つ選びなさい。

〔　　　　〕

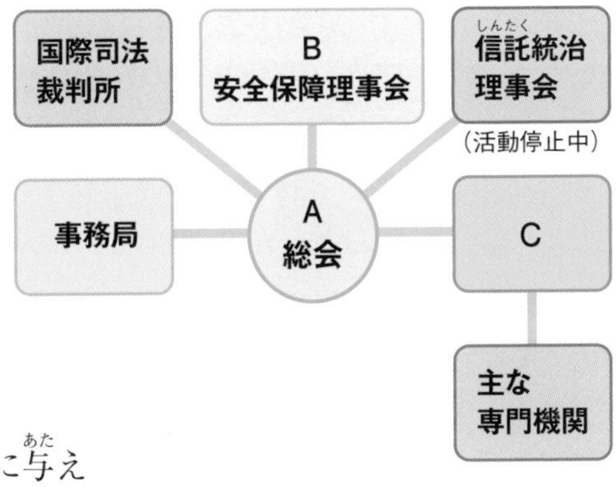

ア　毎年，定期的に開かれる。
イ　すべての加盟国からなる。
ウ　1国1票の投票権がある。
エ　全会一致で議決される。

☑ (2)　図中の**B**の常任理事国だけに与え
られている権限を何といいますか。

〔　　　　　　〕

☑ (3)　図中の**C**にあてはまる理事会を何といいますか。

〔　　　　　　〕

☑ (4)　国際連合の機関について，次の①・②の機関名の略称を，あとの**ア**～**エ**からそれぞれ選びなさい。
　①　世界平和を維持する目的で，各国の教育水準を高め，相互理解と
文化交流を図る。

〔　　　　　〕

　②　発展途上国の児童に，食料や医薬品などの援助を行う。

〔　　　　　〕

ア UNICEF　**イ** UNHCR　**ウ** UNESCO　**エ** WHO

得点アップアドバイス

2 ‥‥‥‥‥‥‥

確認 **国の領域**

(1)　領域（領土・領海・
領空）は，国の主権のお
よぶ範囲である。

3 ‥‥‥‥‥‥‥

確認 **総　会**

(1)　総会は，国際連合の
最高機関であり，アメリ
カのニューヨークの国連
本部で毎年9月に開かれ
る。

ヒント **常任理事国の権限**

(2)　常任理事国のうち，
1か国でも反対すると決
定できないという権限。

注意 **区別が難しい機関**

(4)　①と②は，活動内容
も略称もまぎらわしいの
で注意しよう。

1 【国際社会と国家】【国際社会のルール】
　次の文を読んで，あとの各問いに答えなさい。

　　国際社会は，ほかの国に支配されたり干渉（かんしょう）されたりしない権利や，ほかの国々と対等
に扱（あつか）われる権利をもつ国家の結びつきによって成り立っている。このような国家は，領
土・領海・領空からなる　 a 　をもち，互（たが）いに　 b 　を尊重（そんちょう）しながら協力や親善を深め
ていくことが求められている。

✓よくでる (1)　文中の下線部の権利を何といいますか。　　　　　　　　　　〔　　　　　　　〕

(2)　　 a 　にあてはまる語句を答えなさい。　　　　　　　　　　　〔　　　　　　　〕

(3)　　 b 　には，国と国が結ぶ条約や，長い間の慣行が法となったものなどを表す語句
が入る。この語句を漢字3字で書きなさい。　　　　　　　　　　〔　　　　　　　〕

2 【国際連合とそのしくみ】
　次の文を読んで，あとの各問いに答えなさい。

　　ₐ国際連合は，世界の平和と安全を維持（いじ）することを最大の目的として発足した。　　　　
に本部が置かれ，総会，ᵦ安全保障理事会，経済社会理事会などの꜀主な機関と，いくつ
かの専門機関がある。専門機関は，それぞれの目的に応じた活動を行っている。例（たと）えば，
ₔ加盟国が出資した共同の基金（資金）を各国に利用させ，国際通貨の安定と貿易の拡
大を図ることを目的とした機関，ₑ保健分野の研究や指導にあたり，各国民が可能な最
高の健康水準に達することを目的とした機関などがある。

✓よくでる (1)　文中の　　　　　にあてはまる都市を，次のア～エから1つ選びなさい。

ア　ウィーン　　イ　ニューヨーク　　ウ　ジュネーブ　　エ　パリ　　〔　　　　　〕

(2)　下線部 a について，国際連合が発足したのは第二次世界大戦が終わった年である。
西暦（せいれき）何年ですか。　　　　　　　　　　　　　　　　　　　　　〔　　　　　　　〕

✓よくでる (3)　下線部 b について，次の各問いに答えなさい。

①　安全保障理事会の常任理事国としてあてはまらない国を，次のア～エから1つ選
びなさい。　　　　　　　　　　　　　　　　　　　　　　　　　　〔　　　　　〕

ア　アメリカ　　イ　イタリア　　ウ　フランス　　エ　ロシア

②　安全保障理事会について述べた文として誤っているものを，次のア～エから1つ
選びなさい。　　　　　　　　　　　　　　　　　　　　　　　　　〔　　　　　〕

ア　国際社会の平和および安全の維持については，総会よりも優先して責任を負う。

イ　常任理事国の5か国には拒否（きょひ）権があり，冷戦時代にはよく行使された。

ウ　非常任理事国の10か国は任期2年で，総会によって選出される。

エ　重要議題の決議には，5常任理事国を含（ふく）むすべての理事国の賛成が必要である。

(4)　下線部 c について，国家間の紛争（ふんそう）を法的に裁く機関を何といいますか。

　　　　　　　　　　　　　　　　　　　　　　　　　　　　　　　　　〔　　　　　　　〕

ミス注意 (5) 下線部 d について，この機関の略称を，次の**ア〜エ**から1つ選びなさい。

　　ア ILO　　**イ** WTO　　**ウ** PKO　　**エ** IMF　　　　〔　　　　〕

(6) 下線部 e について，この機関の略称をアルファベットで答えなさい。

　　　　　　　　　　　　　　　　　　　　　　　　　　　　　　　〔　　　　　　　〕

(7) 国際連合の通常予算は，加盟国の支払い能力に応じて分担率が決定される。日本の分担率を，右のグラフ中の**ア〜エ**から1つ選びなさい。

〔　　　　〕

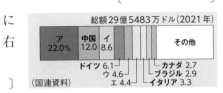

総額29億5483万ドル(2021年)

| ア 22.0% | 中国 12.0 | イ 8.6 | | | | その他 |

ドイツ 6.1　ウ 4.6　エ 4.4　カナダ 2.7　ブラジル 2.9　イタリア 3.3

(国連資料)

ミス注意 (8) 国際連合の平和維持活動について述べた文として誤っているものを，次の**ア〜エ**から1つ選びなさい。

〔　　　　〕

　　ア 国連平和維持活動は，紛争当事国の同意に基づいて行われ，国連憲章で規定された国連軍にはあたらない。

　　イ 紛争地域で，停戦や選挙の監視などを行っている。

　　ウ 湾岸戦争の際は，多国籍軍を組織してクウェートを解放した。

　　エ 日本は，国際平和協力法（PKO協力法）を制定し，カンボジアや東ティモールなどへ自衛隊を派遣して協力してきた。

入試レベル問題に挑戦

【国際連合とそのしくみ】

資料を見て，次の各問いに答えなさい。

(1) 右の**資料Ⅰ**は，国際連合の加盟国数の推移を示したものである。**D**にあてはまる地域を，次の**ア〜エ**から1つ選びなさい。なお，ヨーロッパには，旧ソ連地域を含む。

〔　　　　〕

　　ア ヨーロッパ　　　**イ** アフリカ
　　ウ 南北アメリカ　　**エ** オセアニア

資料Ⅰ

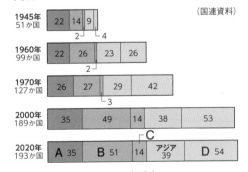

(国連資料)

1945年 51か国	22　14　9　2　4			
1960年 99か国	22　26　23　26　2			
1970年 127か国	26　27　29　42　3			
2000年 189か国	35　49　14　38　53			
2020年 193か国	A 35　B 51　14　アジア 39　C　D 54			

(2) 次の**資料Ⅱ**は，安全保障理事会における，ある重要な決議案の投票結果（2020年）を示したものである。この決議案は，賛成多数であるにもかかわらず，採択されなかった。その理由を，「常任理事国」「拒否権」の語句を使って簡潔に書きなさい。

資料Ⅱ

賛成	アメリカ，イギリス，フランス，ベルギー，ドミニカ共和国，エストニア，ドイツ，インドネシア，ニジェール，セントビンセント・グレナディーン，南アフリカ共和国，チュニジア，ベトナム
反対	ロシア，中国

2 地域協力と世界の平和

攻略のコツ EU，ASEAN や難民問題，核軍縮を押さえよう！

テストに出る！ 重要ポイント

● **地域主義の動き**

❶ **地域主義**…経済や安全保障など特定の分野での地域協力。
 └─リージョナリズム，地域統合ともいう

❷ **種類**…EC から発展し，1993 年に成立した **EU**（ヨーロッパ連合）。**ASEAN**，**APEC**，**TPP** など。
 東南アジア諸国連合┘ └アジア太平洋経済協力会議 └環太平洋経済連携協定

❸ **経済のグローバル化**…**WTO**，**FTA**，**EPA** など。
 世界貿易機関┘ 自由貿易協定┘ └経済連携協定

● **新しい戦争**

❶ **冷戦終結後**…国家間以外の戦争が多発。

❷ **地域紛争**…民族，宗教，経済格差などを原因とする戦争。

❸ **テロリズム（テロ）**…政治目的実現のための暗殺や暴力。

❹ **難民**…紛争，テロにより発生。**UNHCR** や **NGO** の保護活動。
 └国連難民高等弁務官事務所

● **軍縮の動き**

❶ **核軍縮**…1968 年，**核拡散防止条約（NPT）** ⇨ 1996 年，包括的核実験禁止条約（CTBT）⇨ 2017 年，**核兵器禁止条約**。
 └1995 年無期限延長へ

❷ **平和を目指して**…国連，各国の **ODA**，**NGO** などが貢献。
 └政府開発援助

Step 1 基礎力チェック問題

解答 別冊p.20

1 次の〔　〕にあてはまるものを選ぶか，あてはまる語句を書きなさい。

☑(1) 経済や安全保障などの分野で，特定の地域の国々が協力する動きを漢字で〔　　　　　〕という。

☑(2) ヨーロッパの政治的・経済的統合を目指す〔　　　　　〕は，共通通貨ユーロを導入している。

☑(3) 〔 ASEAN　APEC 〕は東南アジア諸国の協力組織である。

☑(4) 環太平洋経済連携協定の略称を〔　　　　　〕という。

☑(5) 〔 FTA　EPA 〕は自由貿易協定の略称である。

☑(6) 民族や宗教の違い，経済格差などが原因で起こる局地的な争いを〔　　　　　〕という。

☑(7) 国連〔　　　　　〕高等弁務官事務所（UNHCR）は，(6)などで，生命の危険におびやかされている人々を保護・救援している。

☑(8) 〔　　　　　〕は，すでに核兵器をもっている国以外の国が新たに核兵器をもつことを禁じた条約である。

得点アップアドバイス

1

注意 ヨーロッパ共同体（EC）
(2) ヨーロッパ共同体（EC）と間違えないようにしよう。EU の前身の EC では経済的統合のみを目指していた。

確認 核軍縮のための条約
(8) 核兵器をもつアメリカ・ソ連（現ロシア）・イギリス・フランス・中国以外の国に，核兵器が広がらないようにしようという条約である。

2 【地域主義の動き】
次の各問いに答えなさい。

- [ ] (1) EU について正しく述べた文を，次の**ア～エ**から1つ選びなさい。
  - **ア** 共通通貨ユーロを全加盟国が導入している。〔　　　〕
  - **イ** 東ヨーロッパの国々は加盟していない。
  - **ウ** 多くの加盟国間では，人やものが自由に移動できる。
  - **エ** 発足により，加盟国間の経済格差が小さくなった。
- [ ] (2) ASEAN の加盟国として<u>あてはまらない国</u>を，次の**ア～エ**から1つ選びなさい。〔　　　〕
  - **ア** インドネシア　　**イ** シンガポール
  - **ウ** ベトナム　　　　**エ** イラン
- [ ] (3) 北米自由貿易協定（NAFTA）に代わり，アメリカ・[　　　]・カナダ協定（USMCA）が結成された。[　　　]にあてはまる国名を答えなさい。〔　　　〕

3 【新しい戦争】【軍縮の動き】
右の年表を見て，次の各問いに答えなさい。

- [ ] (1) 年表の①～③にあてはまる語句を，あとの説明を参考にそれぞれ答えなさい。
  - ①〔　　　〕
  - ②〔　　　〕
  - ③〔　　　〕
  - ① ドイツの都市。
  - ② 一般の人々を巻き込んで，無差別に死傷させること。
  - ③ 西アジアの産油国。

年代	で き ご と
1948	a <u>イスラエルが建国される</u>
1989	（　①　）の壁崩壊
1990	イラクがクウェートに侵攻
1991	ソ連が解体される
2001	アメリカで同時多発（　②　）
2003	（　③　）戦争
2010	b <u>新戦略兵器削減条約に調印</u>

- [ ] (2) 下線部 a をきっかけとする中東戦争をはじめ，多くの地域紛争によって，弾圧や差別などから逃れるために，自国から離れる人々が多く発生している。このような人々を何といいますか。〔　　　〕
- [ ] (3) 下線部 b について，アメリカとロシアが結んだこの条約のように，兵器を削減したりして，軍備を縮小することを何というか。漢字2字で書きなさい。〔　　　〕
- [ ] (4) 核兵器に関連するできごとである次の**ア～ウ**を，年代の古いものから順に記号で答えなさい。〔　　　→　　　→　　　〕
  - **ア** 核兵器禁止条約の発効　　**イ** 第1回原水爆禁止世界大会
  - **ウ** 中距離核戦力（INF）全廃条約

得点アップアドバイス

2

確認 **EU の加盟国数**

(1) EU の加盟国数は，発足以来，増加していたが，2020 年にイギリスが離脱し，2021 年現在は 27 か国となっている。

ヒント **ASEAN**

(2) ASEAN とは東南アジア諸国連合の略称である。**ア～エ**の中に，西アジアの国が含まれている。

確認 **USMCA**

(3) かつての NAFTA（北米自由貿易協定）を抜本的に見直して USMCA となった（2020 年発効）。

3

確認 **冷戦の終結**

(1) （　①　）の壁の崩壊やソ連の解体によって，東西の対立（冷戦）が終結した。

確認 **パレスチナ問題**

(2) パレスチナを奪われたアラブ人と，イスラエル（ユダヤ人）との領土をめぐる問題。ユダヤ人がパレスチナの地にイスラエルを建国したことをきっかけに起こった。4 度にわたり大規模な戦争（中東戦争）が起こっている。

1 【地域主義の動き】

次の地図を見て，あとの各問いに答えなさい。

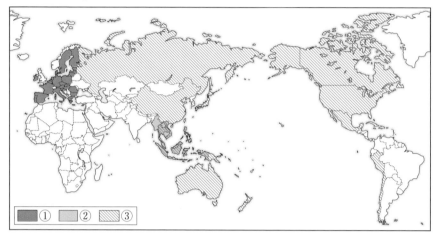

① ② ③

(1) 今日，世界各地で広がっている，特定の地域がまとまって外交や安全保障，経済や開発，環境(かんきょう)などで協力しようとする動きを何というか。漢字４字で書きなさい。

〔　　　　　　　　　〕

ミス注意 (2) 地図中①～③の地域のまとまりについて，あとの説明を参考に，その名称(めいしょう)の略称(りゃくしょう)を答えなさい。

①〔　　　　　　　　〕　　②〔　　　　　　　　〕
③〔　　　　　　　　〕

① EC から発展し，約30か国が加盟(かめい)している。

② 東南アジアの10か国が加盟している協力組織である。

③ アジア・太平洋地域の経済協力のための組織である。

✓よくでる (3) 地図中の①の組織について，次のＡ～Ｃの文の□□□にあてはまる語句をそれぞれ答えなさい。

Ａ〔　　　　　　　〕　Ｂ〔　　　　　　　〕　Ｃ〔　　　　　　　〕

Ａ 経済面では，中央銀行をつくり，共通通貨□□□を導入したことから，ヨーロッパ全体が１つの国内市場のようになっている。

Ｂ 多くの加盟国間では，国境での□□□の検査がないため，域内での人の移動が自由である。

Ｃ 2020年に□□□が離脱(りだつ)したため，加盟国が初めて減少した。

ミス注意 (4) 近年，特定の国や地域の間で，経済の相互関係(そうご)を強化するために協定が結ばれることが多くなっている。このうち経済連携(れんけい)協定の略称を，次のア～エから１つ選びなさい。

〔　　　〕

ア NPO　イ EPA　ウ FTA　エ WTO

2 【新しい戦争】【軍縮の動き】

次の各問いに答えなさい。

✓よくでる (1)　地域紛争に対して，国連は平和維持活動を行っている。平和維持活動をアルファベット３字で書きなさい。

〔　　　　　　　〕

(2)　地域紛争などによって発生した難民の保護・援助活動を行っている国連の機関の略称を，次の**ア～エ**から１つ選びなさい。

〔　　　　〕

ア UNHCR　**イ** UNCTAD　**ウ** UNESCO　**エ** UNICEF
（アンクタッド）　　（ユネスコ）　　（ユニセフ）

ミス注意 (3)　軍縮をめぐる問題について述べた文として正しいものを，次の**ア～エ**から１つ選びなさい。

〔　　　　〕

ア　部分的核実験停止条約は，大気圏以外での核実験を禁止した条約である。

イ　核拡散防止条約は，すべての国が核兵器をもつことを禁止した条約である。

ウ　核兵器禁止条約は，核兵器の開発，保有，使用などを全面的に禁止した条約である。

エ　軍縮などの活動には，ODAと呼ばれるさまざまな非政府組織が協力している。

入試レベル問題に挑戦

3 【地域主義の動き】

グラフの**ア～エ**は，地図中に示した**A～C**の地域と日本について，2018年における人口などの統計を示したものである。**B**の地域にあてはまるものを，**ア～エ**から１つ選びなさい。また，**B**の地域で結成されている協力組織の名称を漢字で答えなさい。

記号〔　　　〕　組織〔　　　　　　　　〕

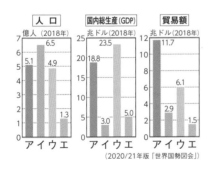

（2020/21年版「世界国勢図会」）

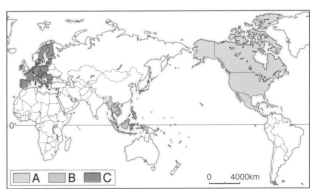

ヒント

Bの地域は，工業化が進んでいるが，先進国に比べると低い水準にある。

3 地球時代の課題

リンク
ニューコース参考書
中学公民
p.215〜225

攻略のコツ 地球環境問題は，原因・影響・被害の深刻な地域を押さえておこう！

テストに出る！ **重要ポイント**

◎ **地球環境問題**

❶ 種類…温室効果ガスによる**地球温暖化**，酸性雨，オゾン層の破壊，砂漠化，熱帯林（森林）の減少など。

❷ 対策…1992年，国連環境開発会議（リオデジャネイロで開催。地球サミット）⇨ 1997年，**京都議定書**（地球温暖化防止京都会議で採択）⇨ 2015年，**パリ協定**（全参加国に温室効果ガスの削減目標を義務づけ）。

◎ **南北問題・貧困問題**

❶ **南北問題**…発展途上国と先進国との間の経済格差の問題。

❷ **南南問題**…発展途上国間での経済格差の問題。

❸ **貧困問題**…人口増加により貧困と飢餓が増加。

❹ 対策…国連の持続可能な開発目標（**SDGs**），先進国の**政府開発援助**（**ODA**），<u>フェアトレード</u>，<u>マイクロクレジット</u>。
└公正貿易┘ └少額融資┘

◎ **資源・エネルギー問題** ◇ 化石燃料から<u>再生可能エネルギー</u>への転換が進む。
└太陽光，風力，地熱，バイオマスなど┘

◎ **日本の国際貢献** ◇ <u>平和維持活動</u>，政府開発援助，**青年海外協力隊**など。一人ひ
└PKO┘ └国際協力機構（JICA）が派遣┘
とりの人間の暮らしに着目した**人間の安全保障**の考え方。

Step 1 基礎力チェック問題

解答 別冊p.21

1 次の〔 〕にあてはまるものを選ぶか，あてはまる語句を書きなさい。

☑(1) 地球環境問題には，地球温暖化や〔　　　　　〕層の破壊，酸性雨，熱帯林の減少，砂漠化などがある。

☑(2) 1992年にブラジルで開かれた〔 国連環境開発会議　国連人間環境会議 〕では，持続可能な開発を目指すための取り組みが話し合われた。

☑(3) 1997年に地球温暖化防止京都会議が開かれ，二酸化炭素など温室効果ガスの削減枠を定めた〔　　　　　〕が採択された。

☑(4) 中国，インドなど経済成長が進む国と，アフリカに多い最貧国との格差など，発展途上国間の経済格差の問題を〔　　　　　〕という。

☑(5) 2030年までに実現すべき国際目標として，持続可能な開発目標（略称〔　　　　　〕）が国連で採択された。

☑(6) 〔　　　　　〕（ODA）は，先進国の政府が行う発展途上国への資金や技術の援助である。

☑(7) 太陽光，風力，地熱などを〔　　　　　〕という。

得点アップアドバイス

1

確認 地球温暖化防止京都会議

(3) この会議で決定された温室効果ガスの削減枠は，先進国のみが対象であり，発展途上国は対象でなかったことなどが問題となった。

発展途上国間での経済格差

注意

(4) 先進国と発展途上国の間の経済格差の問題とまぎらわしいので注意。

② 【地球環境問題】

次の各問いに答えなさい。

(1) 次の①〜③の説明にあてはまる地球環境問題を，あとの**ア〜エ**からそれぞれ選びなさい。

①〔　　　〕　②〔　　　〕　③〔　　　〕

① 自動車の排出ガスや工場のばい煙などが原因で，森林が枯れたり湖沼の生物が死んだりする。

② 放牧のしすぎや，開発による伐採などによって植物の育たない不毛の土地が広がる。

③ 輸出や開発のための伐採によって，森林が失われる。

ア オゾン層の破壊　　**イ** 熱帯林（森林）の減少
ウ 砂漠化　　　　　　**エ** 酸性雨

(2) 地球温暖化の原因となる二酸化炭素などを，□□□ガスという。□□□にあてはまる語句を答えなさい。〔　　　　　　〕

③ 【南北問題・貧困問題】

次の各問いに答えなさい。

(1) 世界の中でも栄養不足人口が多い州を，次の**ア〜エ**から1つ選びなさい。〔　　　　　　〕

ア ヨーロッパ州　　**イ** アフリカ州
ウ 北アメリカ州　　**エ** オセアニア州

(2) 地球の北側に多い先進国と，南側に多い発展途上国の間の経済格差や，そこから発生する問題を何といいますか。〔　　　　　　〕

(3) 先進国の政府が発展途上国に対して行う，技術協力や経済援助を何といいますか。〔　　　　　　〕

(4) 発展途上国の人々の自立をうながすため，事業を始めたい人々に，無担保で少額の融資をする制度を何というか，カタカナで書きなさい。

〔　　　　　　〕

④ 【資源・エネルギー問題】

次の問いに答えなさい。

◇ 右のグラフの**A〜C**は，フランス，中国，日本のいずれかの国のエネルギー供給割合を示したものである。フランスと日本にあてはまるものを，それぞれ選びなさい。

フランス〔　　　〕

日本〔　　　〕

A	27.0%	40.7		23.4	
				2.0	
				6.9	
B	63.8%		18.5		9.2
	4.0%			6.4	2.1
C	29.4	15.6	42.0		9.0

凡例：石炭　石油　天然ガス　原子力　その他

(2017年)　(2020/21年版「世界国勢図会」)

得点アップアドバイス

②

✓確認 **地球環境問題の発生地域**

(1) ①工業の発達しているところや，風の影響によりその周辺。②砂漠の周辺。③赤道付近の熱帯。

③

ヒント **貧困・飢餓**

(1) 経済発展が遅れ，貧しい国が多い地域を考えよう。

④

ヒント **各国のエネルギー供給の特色**

中国は世界の半分以上の石炭を産出する。日本は，2011年の東日本大震災以降，原子力発電の見直しが進められている。

1 【資源・エネルギー問題】
次の各問いに答えなさい。

(1) 日本は，エネルギー資源の約何％を輸入に依存しているか。次の**ア**〜**ウ**から１つ選びなさい。

　　ア　30％以下　　**イ**　約50％　　**ウ**　90％以上　　　　　　　　　　〔　　　　〕

ミス注意 (2) 主な発電方式の特徴について，次の①〜④にあてはまるものを，あとの**ア**〜**エ**からそれぞれ選びなさい。

　　①　石油　　②　石炭　　③　原子力　　④　風力

　　　　　　　　　①〔　　　　〕②〔　　　　〕③〔　　　　〕④〔　　　　〕

　　ア　事故が起きたときの被害が大きく，国民の不安が強い。また，廃棄物処理の問題が解決していない。

　　イ　日本は政情の不安定な中東への依存度が高い。また，二酸化炭素の排出量が多いため，地球温暖化が進む。

　　ウ　供給が不安定で，広い土地や風の吹く立地条件が必要である。

　　エ　二酸化炭素の排出量が最も多く，発電方式の改良が課題となっている。

2 【地球環境問題】
次の各問いに答えなさい。

✓よくでる (1) 1992年に国連環境開発会議が開催され，地球温暖化防止のための気候変動枠組条約が結ばれた。この会議の通称は何と呼ばれていますか。

　　　　　　　　　　　　　　　　　　　　　　　　　　　〔　　　　　　　　　〕

(2) 右のグラフは，国・地域別の二酸化炭素排出量の割合を示している。1997年に地球温暖化防止京都会議で京都議定書が採択された際に，二酸化炭素などの温室効果ガスの削減が各国に義務づけられたが，次の①・②にあてはまる国をグラフ中からそれぞれ選びなさい。

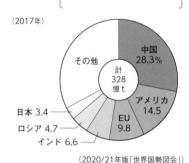

(2017年)

日本 3.4
ロシア 4.7
インド 6.6
その他
計328億t
中国 28.3%
アメリカ 14.5
EU 9.8

(2020/21年版「世界国勢図会」)

　　　　　　①〔　　　　　　〕②〔　　　　　　〕

　　①　途中でこの条約から離脱したために，この義務を負わない国

　　②　排出量はEUよりも多いが，発展途上国としてその義務を負わない国

(3) 2015年，京都議定書に代わり，参加しているすべての先進国と発展途上国に温室効果ガスの削減目標を国連に提出するように義務づけた協定を何といいますか。

　　　　　　　　　　　　　　　　　　　　　　　　　　　〔　　　　　　　　　〕

3 【南北問題・貧困問題】

次の文を読んで，あとの各問いに答えなさい。

　　今日，ₐ国と国との間の経済格差が拡大し，南北問題や♭南南問題が大きな問題となっている。また，꜀貧困問題や地球環境問題などさまざまな問題が深刻な状況にある。d こうした問題の解決のためには，各国の努力も必要であるが，国際協力によって取り組んでいくことが重要である。

ミス注意 (1) 下線部 a について，経済成長が著しいBRICS（ブリックス）と呼ばれる国々にあてはまらないものを，次のア〜エから1つ選びなさい。〔　　　〕

ア　ブラジル　　イ　南アフリカ共和国　　ウ　シンガポール　　エ　ロシア

(2) 下線部 b の南南問題とはどのような問題か，簡潔に書きなさい。

〔　　　　　　　　　　　　　　　　　　　　　　　　　　　　　　　　　　〕

(3) 下線部 c の貧困問題を解決する取り組みとして，発展途上国の人々が生産した製品や農産物を，先進国の人々が公正な価格で継続的に購入する貿易が広まっている。このような貿易を何というか，カタカナで答えなさい。〔　　　〕

(4) 下線部 d について，人々の安全と平和を確保するために，一人ひとりの人間の生命や人権を大切にする考え方をいかすことが求められている。この考え方を何といいますか。〔　　　〕

入試レベル問題に挑戦

思考 【日本の国際貢献】

4 他国と比べた場合，日本のODA（政府開発援助）の特徴はどのようなものか，次の資料Ⅰ，Ⅱから読み取れることを簡潔に書きなさい。

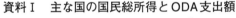

資料Ⅰ　主な国の国民総所得とODA支出額

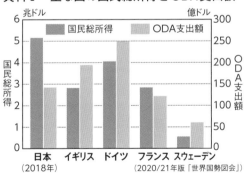

（2020/21年版「世界国勢図会」）

資料Ⅱ　主な国のODA援助先の地域別割合

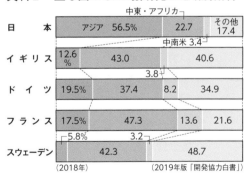

（2018年）　　　　（2019年版「開発協力白書」）

> **ヒント**
>
> 　資料Ⅰからは，日本の国民総所得に対するODA支出額の割合が他国と比べてどうなっているかを読み取る。

定期テスト予想問題 ⑤

1 次の文を読んで，あとの各問いに答えなさい。　【(1)，(5)②は7点×2。他は3点×10。(2)①は完答】

　国際社会は，主権をもつ主権国家で構成されており，主権国家の要素とは，_a主権，_b領域，国民である。国際社会の平和を維持するための国際機関として，_c国際連合がある。国際連合には，_d総会，_e安全保障理事会，経済社会理事会，信託統治理事会，（　f　），事務局の6つの主要機関のほかに，各種の_g専門機関があり，それぞれの分野で国際理解や国際協力を進めている。

　現代は，情報化，国際化が進み，世界が一体化していくいっぽう，_h地域紛争が絶えず，国際連合がこれらの問題解決のために果たす役割は，いっそう大きくなっている。

(1)　下線部aについて，この「主権」とは，日本国憲法で定める「国民主権」の「主権」とは意味が異なっている。下線部aの「主権」の意味を簡潔に書きなさい。

(2)　下線部bについて，右の図を見て次の各問いに答えなさい。

　①　図中のP，Qにあてはまる語句をそれぞれ書きなさい。

　②　図中の排他的経済水域の範囲は，沿岸から何海里以内とされているか。数字を答えなさい。

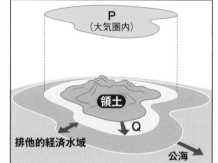

(3)　下線部cについて，現在の国際連合加盟国数に最も近い数字を，次のア～エから1つ選びなさい。

　ア　100か国　　イ　150か国
　ウ　200か国　　エ　250か国

(4)　下線部dについて，総会の一般の議題の決定には出席国のどれだけの賛成が必要か。次のア～エから1つ選びなさい。

　ア　全会一致　　イ　3分の2以上　　ウ　過半数　　エ　5大国を含む過半数

(5)　下線部eについて，次の各問いに答えなさい。

　①　安全保障理事会の常任理事国を，次のア～エから1つ選びなさい。
　　ア　日本　　イ　フランス　　ウ　ブラジル　　エ　ドイツ

　②　安全保障理事会の常任理事国がもつ拒否権とはどのような権利か，簡潔に書きなさい。

(6)　文中の（　f　）には，国家間の争いを法的に解決する機関があてはまる。この機関を何といいますか。

(7)　下線部gについて，次の①・②の文にあてはまる専門機関の略称を，あとのア～オからそれぞれ選びなさい。

　①　教育や文化などの国際協力の促進を主な目的とする。

　②　世界各国民の保健衛生を最高水準に維持することを目的とする。

　　ア　WHO　　イ　WTO　　ウ　UNICEF　　エ　UNESCO　　オ　ILO

(8) 下線部 h について，次の各問いに答えなさい。

① 国際連合が紛争地域で行っている，停戦や選挙の監視などの活動を何というか。漢字 6 字で書きなさい。

② 紛争地域から逃れようとする難民の救済にあたる国際連合の機関として，UNHCR がある。この機関の名称を漢字で書きなさい。

(1)						
(2)	① P		Q		②	海里以内
(3)		(4)	(5) ①	②		
(6)			(7) ①	②		
(8)	①		②			

2 次の各問いに答えなさい。

【3点×6。⑷①②は完答】

(1) EU（ヨーロッパ連合）について，次の各問いに答えなさい。

① EU の 2020 年現在の加盟国でないものを，次のア〜エから 1 つ選びなさい。

ア ドイツ　イ スイス　ウ ポーランド　エ ルーマニア

② EU の多くの国で，両替なしで使える共通の通貨を何といいますか。

(2) ASEAN（東南アジア諸国連合）の 2020 年現在の加盟国数を，次のア〜エから 1 つ選びなさい。

ア 6 か国　イ 8 か国　ウ 10 か国　エ 13 か国

(3) 日本も参加しているアジア太平洋経済協力会議の略称を，次のア〜エから 1 つ選びなさい。

ア USMCA　イ APEC　ウ OPEC　エ BRICS

(4) 次の文の①・②にあてはまる語句を，あとのア〜エからそれぞれ選びなさい。

　近年，特定の国と国との間で自由貿易協定（　①　）や，それを拡大した経済連携協定（EPA）を結んで，貿易の自由化を進める動きが活発化している。2018 年，日本など，太平洋を取り巻く 11 か国が調印した環太平洋経済連携協定（　②　）が発効し，大規模な自由貿易圏が誕生した。

ア GATT　イ TPP　ウ FTA　エ WTO

(5) 今日，国境をまたぐ地域の動きや市場経済の広がりによって，人やもの，サービスが地球規模で行き来するようになっている。このような世界の一体化を何といいますか。

(1) ①	②		(2)	(3)
(4) ①	②	(5)		

3 次の文を読んで，あとの各問いに答えなさい。 【(2)①は7点。他は3点×4】

20世紀は著しく科学が進歩した世紀であった。しかし，その代償として，酸性雨の問題や，_a地球温暖化，オゾン層の破壊，砂漠化など，かけがえのない地球環境に重大な問題が生じている。

20世紀後半以降，世界の人々は，真剣に_b地球環境問題に取り組むようになり，日本でも新たに法律が定められた。このかけがえのない地球環境を守っていくためには，私たち一人ひとりがごみを減らし，（　c　）を心がけることなどが必要である。

(1) 右の**資料Ⅰ**は，ある地球環境問題の被害を示した写真である。あてはまるものを，文中から選んで答えなさい。

資料Ⅰ

(Cynet Photo)

(2) 下線部aについて，次の各問いに答えなさい。

① 地球温暖化の原因となっている，二酸化炭素などの温室効果ガスを削減する取り組みとして，1997年に京都議定書が採択されたが，温室効果ガスの排出削減の取り組みとしては不十分であると指摘されてきた。その理由を，右の**資料Ⅱ**を参考に「発展途上国」「アメリカ」の語句を使って簡潔に書きなさい。

② 2015年に，温室効果ガス削減のための取り組みとして，パリ協定が採択された。パリ協定について述べた文として正しいものを，次のア～エから1つ選びなさい。

資料Ⅱ　世界の二酸化炭素排出量割合の推移

（2020/21年版「日本国勢図会」）

ア 産業革命前からの気温上昇を地球全体で3度未満に抑えることを目標としている。

イ 各国は国連に温室効果ガスの削減目標を提出するが，目標達成の義務はない。

ウ 中国とロシアは参加していない。

エ 採択はされたが，発効はしていない。

(3) 下線部bについて，1992年にブラジルで開かれた国連環境開発会議は，一般に何と呼ばれていますか。

(4) 文中の（　c　）には，1度使ったものをごみとして捨てずに回収し，新たに加工して再利用するという意味の語句があてはまる。この語句を，カタカナで答えなさい。

(1)	
(2) ①	
②	(3)	(4)

4 次の各問いに答えなさい。

【(2)③は7点。他は3点×4】

(1) 右の図は，2015年に国際連合が示した，持続可能な開発目標のうちの1つを示している。これを見て，次の各問いに答えなさい。

① 持続可能な開発目標の略称を，アルファベット4字で書きなさい。

② 貧困層の人々に対して，少額のお金を貸し出す金融サービスを何といいますか。

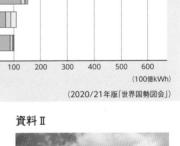

1 貧困をなくそう

(2) 世界の資源・エネルギー問題について，次の各問いに答えなさい。

① 右の**資料I**は，日本を含めた5か国の総発電量と発電の内訳を示している。**資料I**中のa～cは，火力・原子力・水力のいずれかである。正しい組み合わせを，次のア～エから1つ選びなさい。

ア a-水力　b-火力　　c-原子力
イ a-水力　b-原子力　c-火力
ウ a-火力　b-水力　　c-原子力
エ a-火力　b-原子力　c-水力

資料I

（2017年）
（2020/21年版「世界国勢図会」）

② 右の**資料II**は，開発が進んでいる新しいエネルギー源による発電施設である。このエネルギー源を，次のア～エから1つ選びなさい。

ア 地熱　　イ バイオマス
ウ 風力　　エ 太陽光

資料II

（ピクスタ）

③ ②のア～エのエネルギー源について，次の**資料III，IV**から，化石燃料と比べた長所と短所を読み取り，簡潔に書きなさい。

資料III　化石燃料の可採年数

石油（2019年）	57.6年
石炭（2017年）	108.4年
天然ガス（2018年）	50.0年

※可採年数＝確認理蔵量÷年間生産量。
（2020/21年版「世界国勢図会」ほか）

資料IV　日本での発電費用（円/kWh）

石油火力	30.6～43.4
石炭火力	12.3
天然ガス火力	13.7
地熱	16.9
バイオマス（専焼）	29.7
風力（陸上）	21.6
太陽光（大規模）	24.2

※数値は2014年。（資源エネルギー庁資料）

(1)①			②		
(2)①		②			
③					

高校入試対策テスト ①

1 右の地図を見て，次の各問いに答えなさい。　【(7)は完答で5点。他は2点×6。(3)は完答】

(1) 世界の6つの州のうち，**地図**中の**X**の国がある州を何といいますか。

(2) **地図**中の**Y**の地点に対して，地球の中心を通った反対側の地点を，**地図**中の**ア〜エ**から1つ選びなさい。

地図

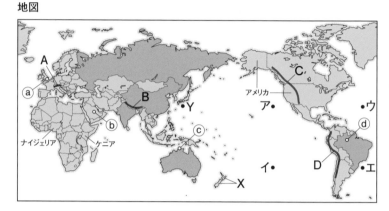

(3) 日本列島と同じ造山帯に属する山脈を，**地図**中の**A〜D**から2つ選びなさい。

(4) 右の**資料Ⅰ**は，**地図**中の**ⓐ〜ⓓ**のいずれかの都市の雨温図である。あてはまる都市を1つ選びなさい。

資料Ⅰ

（気温 ℃）年平均気温 11.8℃　年降水量 640mm　（降水量 mm）

1月　6　12

（2020年「理科年表」）

(5) **地図**中のアメリカについて述べた文として正しいものを，次の**ア〜エ**から1つ選びなさい。

　ア　沿岸部には，フィヨルドと呼ばれる奥行きのある湾がある。

　イ　夏の湿った季節風の影響により，稲作がさかんである。

　ウ　アジア系移民を制限する白豪主義という政策をとっていた。

　エ　シリコンバレーには，ICT関係の企業が集中している。

(6) **地図**中に ⬭ で示した国々は，ある鉱産資源の生産量が上位の5か国である（2017年）。あてはまる鉱産資源を，次の**ア〜エ**から1つ選びなさい。

　ア　原油　　イ　石炭　　ウ　鉄鉱石　　エ　銅鉱

(7) 右の**資料Ⅱ**から，**地図**中のケニアとナイジェリアの経済が特定の農産物や鉱産資源の輸出に頼っていることがわかる。このような経済を何というか。また，このような経済では，国の収入が不安定になりやすい。その理由を，「価格」の語句を使って簡潔に書きなさい。

資料Ⅱ　ケニアとナイジェリアの主な輸出品

野菜と果実┐　┌切り花

ケニア（2018年）　茶 22.7%　9.8　9.5　その他 58.0

その他 7.8┐

液化天然ガス┐

ナイジェリア（2018年）　原油 82.3%　9.9

（データブック オブ・ザ・ワールド 2021）

(1)		(2)	(3)		(4)	(5)	(6)
(7) 語句		理由					

2 右の地図を見て，次の各問いに答えなさい。

【(7)は5点。他は2点×6】

(1) 地図中のXの山脈名を答えなさい。

(2) 地図中の広島県の県庁所在地，広島市は，太田川（おおた）が運んだ土砂（どしゃ）が，積もった河口付近に形成された都市である。このように，土砂の堆積（たいせき）によって河口付近につくられた地形を何といいますか。

(3) 1543年に中国船が漂着（ひょうちゃく）し，ポルトガル人によって，鉄砲（てっぽう）がもたらされた島を，地図中のア〜エから1つ選びなさい。

地図

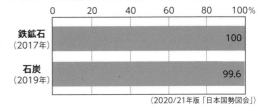

広島県
X
高知県
(2020年) (2021年版「県勢」)

(4) 地図中に ⬭ で示した3県の，いずれの特色にもあてはまらないものを，次のア〜エから1つ選びなさい。

ア 県境に南北に走る山脈があり，沿岸部には，入り組んだ海岸線がみられる。

イ 中央部には，東西に走る山地があり，山地の北部は季節風（きせつふう）の影響（えいきょう）で冬に雪が多い。

ウ 北東部には，世界最大級のカルデラをもつ火山があり，観光名所となっている。

エ 瀬戸大橋（せとおおはし）がかかるこの県は，降水量が少ないため，平野部にはため池が多い。

(5) 地図中の高知県では，ビニールハウスを利用して，夏野菜のなすなどの出荷時期を早める栽培（さいばい）が行われている。この栽培方法を何といいますか。

(6) 右の資料Ⅰから読み取れることとして正しいものを，次のア〜エから1つ選びなさい。

ア 2000年の合計は，1980年の合計よりも，1兆円以上減っている。

イ 2018年の肉用牛の産出額は2000年の2倍以上になっている。

ウ いずれの年も，乳用牛の産出額が合計に占める割合は，20％以上である。

エ いずれの畜産物も，2000年の産出額が最も少ない。

資料Ⅰ　日本の畜産物（ちくさん）の産出額の変化

	1980年	2000年	2018年
肉用牛	3705	4564	7619
乳用牛	8086	7675	9110
豚（ぶた）	8334	4616	6062
にわとり	9752	7023	8606
合計	32187	24596	32129

※単位は億円。合計にはその他を含（ふく）む。

(2020/21年版「日本国勢図会」)

(7) 地図中の ● は，主な製鉄所の分布を示したものである。製鉄所の分布にはどのような特徴（とくちょう）があるか，資料Ⅱから読み取れることと関連づけて簡潔に書きなさい。

資料Ⅱ　鉄鉱石と石炭を輸入に頼る割合

鉄鉱石 (2017年) 100
石炭 (2019年) 99.6

(2020/21年版「日本国勢図会」)

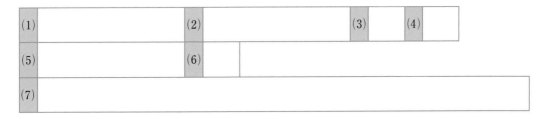

(1)		(2)		(3)		(4)	
(5)		(6)					
(7)							

3 年代順に並べた次のカードを見て，あとの各問いに答えなさい。　【(3)は5点。他は2点×7】

A　私は女王の□□□です。邪馬台国を治めました。	B　私は東大寺を建てた聖武天皇のきさきです。	C　私は宮廷生活の体験を『枕草子』に書きました。
D　私は承久の乱で，御家人たちに結束を訴えました。	E　私はかぶき踊りを始め，人気を集めました。	F　私は「見返り美人図」の作者です。

(1)　カードAについて，次の各問いに答えなさい。

　　①　□□□にあてはまる人物名を漢字3字で書きなさい。

　　②　この時代(弥生時代)の日本の様子として正しいものを，次のア～エから1つ選びなさい。

　　　ア　狩りや採集などで食料を獲得し，食べ物の残りかすなどを捨てた貝塚ができた。

　　　イ　奴国の王が中国に使いを送り，皇帝から金印を授けられた。

　　　ウ　ナウマンゾウやオオツノジカなど大型の動物が生息していた。

　　　エ　須恵器や上質の絹織物をつくる技術などが渡来人によって伝えられた。

(2)　カードBについて，聖武天皇のころに栄えた，国際色豊かな文化を何といいますか。

(3)　カードCについて，このころ，藤原氏がどのようにして勢力を伸ばしたか，右の**資料**を見て簡潔に書きなさい。

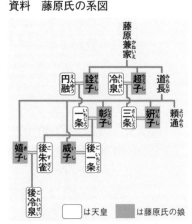

資料　藤原氏の系図

□は天皇　■は藤原氏の娘

(4)　カードDの承久の乱で兵をあげた上皇は誰ですか。

(5)　カードEのころ以後に起こった世界のできごとを，次のア～エから1つ選びなさい。

　　　ア　バスコ・ダ・ガマがインドに到達した。

　　　イ　フビライ・ハンが，国号を元と定めた。

　　　ウ　ナポレオンがフランスの皇帝になった。

　　　エ　ムハンマドがイスラム教を開いた。

(6)　カードFに関連することを述べた次の文中の下線部には，誤りの箇所が1つある。その部分の正しい語句を答えなさい。

　　「見返り美人図」の作者は菱川師宣であり，このような町人の風俗を描いた絵は浮世絵と呼ばれた。第5代将軍徳川綱吉が政治を行った化政文化のころの作品である。

(7)　右のカードをカードA～Fの間に入れる場合，どのカードのあとに入れるのが最も適切か，記号で答えなさい。

私は足利義政の妻です。義政の時代に，応仁の乱が起こりました。

(1)	①		②		(2)	
(3)						
(4)			(5)	(6)		(7)

4 右の年表を見て，次の各問いに答えなさい。

(1) A以後，日本と外国との貿易が始まった。次の**資料**中の□□□にあてはまる国を答えなさい。また，アメリカとの貿易の割合が急速に低くなった理由を簡潔に書きなさい。

資料　幕末の貿易相手国の推移

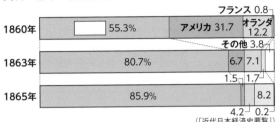

（「近代日本経済史要覧」）

年表

年代	主なできごと
1858	日米修好通商条約が結ばれる…A
1867	大政奉還が行われる
	↕ X
1895	下関条約が結ばれる…………B
1911	辛亥革命が起こる…………C
1914	第一次世界大戦が始まる………D
	↕ Y
1939	第二次世界大戦が始まる
1956	日本が国際連合に加盟する……E

(2) Xの期間に起こった次のできごとを，年代の古い順に並べかえなさい。

ア　内閣制度ができる。　　　　　　イ　自由党が結成される。
ウ　民撰議院設立の建白書が提出される。　エ　国会期成同盟が結成される。

(3) Bについて，日本が清から譲り受けた遼東半島を清に返還するよう要求する三国干渉を行った国として<u>誤っているもの</u>を，次のア～エから1つ選びなさい。

ア　イギリス　　イ　フランス　　ウ　ドイツ　　エ　ロシア

(4) Cの革命の中心となり，三民主義を唱えた人物は誰ですか。

(5) Dについて述べた次のP，Qの文がともに正しければア，Pのみ正しければイ，Qのみ正しければウ，P，Qともに誤っていればエと答えなさい。

P　オーストリアの皇位継承者夫妻が暗殺されたことをきっかけに始まった。
Q　日本やアメリカは，大戦の開始段階から参戦し，連合国側の勝利に貢献した。

(6) 年表中のYの期間の日本の様子について述べた次の文中の　a　，　b　にあてはまる語句の組み合わせとして正しいものを，あとのア～エから1つ選びなさい。

　　第一次世界大戦末期に，日本では本格的な政党内閣が成立したが，満州事変後の1932年，首相の犬養毅を暗殺した　a　が起こり，政党内閣の時代が終わった。1937年に始まった日中戦争が長期化すると，　b　が制定され，政府は，議会の承認なしに，物資や国民を戦争に動員することができるようになった。

ア　a—五・一五事件　b—治安維持法　　イ　a—五・一五事件　b—国家総動員法
ウ　a—二・二六事件　b—治安維持法　　エ　a—二・二六事件　b—国家総動員法

(7) E以後のできごととして<u>誤っているもの</u>を，次のア～エから1つ選びなさい。

ア　日米安全保障条約の締結　　イ　湾岸戦争
ウ　日中共同声明の発表　　　　エ　石油危機

(1)	国		理由			
(2)		→		→		→	(3)		(4)	
(5)		(6)		(7)			

5 次の文章を読んで，あとの各問いに答えなさい。　【(2)は5点。他は2点×6。(6)は完答】

> ₐ大日本帝国憲法の改正という形をとって成立した日本国憲法は，ᵦ国民主権，꜀基本的人権の尊重，ₔ平和主義の3つを基本原理としている。また，日本国憲法では，ₑ三権分立により， f国会，内閣，g裁判所の間に抑制と均衡の関係が保たれている。

(1) 下線部aで主権をもっていたのは誰ですか。

(2) 下線部bについて，国民は選挙などを通じて国や地方の政治に参加することができる。右の**資料**は，第48回衆議院議員総選挙における，小選挙区と比例代表での自由民主党（自民党）の得票率と議席占有率を示したものである。比例代表と比べたときの小選挙区の問題点を資料から読み取り，「大政党」「民意」の語句を使って簡潔に書きなさい。

資料　自民党の得票率と議席占有率

●小選挙区

得票率	47.8%
議席占有率	74.4%

●比例代表

得票率	33.3%
議席占有率	37.5%

（総務省資料）

(3) 下線部cは，公共の福祉によって制限されることがあり，例えば，法律により，感染症にかかった人を強制的に隔離することができる。この場合，どのような人権を制限しているか，次のア〜エから1つ選びなさい。

ア　表現の自由　　イ　居住・移転の自由　　ウ　労働基本権　　エ　財産権の保障

(4) 下線部dについて，沖縄の日本復帰交渉に際して非核三原則を表明し，のちにノーベル平和賞を受賞した内閣総理大臣を，次のア〜エから1人選びなさい。

ア　田中角栄　　イ　吉田茂　　ウ　池田勇人　　エ　佐藤栄作

(5) 下線部eについて，『法の精神』で三権分立を説いたフランスの思想家は誰ですか。

(6) 下線部fについて，次のア〜オのうち，国会の仕事にあたるものをすべて選びなさい。

ア　条例の制定　　　　イ　弾劾裁判所の設置　　ウ　法律の違憲審査
エ　内閣総理大臣の指名　　オ　衆議院解散の決定

(7) 下線部gの裁判員制度について述べた文として正しいものを，次のア〜エから1つ選びなさい。

ア　裁判員は30歳以上の国民から選ばれ，原則として辞退できない。
イ　裁判員は，地方裁判所が第一審となる，すべての刑事裁判に参加する。
ウ　裁判員は，裁判官とともに被告人が有罪か無罪か，有罪の場合は刑罰を決定する。
エ　裁判員は，検察官が事件を不起訴としたことについて，そのよしあしを判断する。

(1)		(2)	

(3)		(4)		(5)		(6)		(7)	

6 次の各問いに答えなさい。

【(4)②は5点。他は2点×4】

(1) 右の**資料Ⅰ**中の X ～ Z にあてはまる語句の組み合わせとして正しいものを，次のア～エから1つ選びなさい。

ア X─賃金　　Y─税金　　Z─労働力

イ X─賃金　　Y─労働力　Z─税金

ウ X─労働力　Y─賃金　　Z─税金

エ X─労働力　Y─税金　　Z─賃金

資料Ⅰ　家計・企業・政府の経済的関係

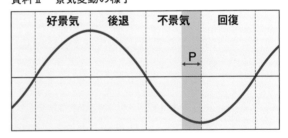

(2) 電気ストーブを使用していて発火し，全治1か月のやけどを負った。この電気ストーブに欠陥があった場合，ストーブを生産した企業に過失がなくても，損害賠償を請求することができる。このことを定めた法律を何といいますか。

(3) 株式会社について述べた文として正しいものを，次のア～エから1つ選びなさい。

ア 株主は，持株数が多くても少なくても，同じだけの配当を分配される。

イ 株式会社の経営者には，その会社の株式を多く所有している者が就任する。

ウ 株主になることができるのは，企業などの法人のみである。

エ 証券取引所で売買される株式の株価は，需要と供給の関係で変動する。

(4) 景気変動について，右の**資料**を見て次の各問いに答えなさい。

① 右の**資料Ⅱ**中のPのとき，日本銀行が行う金融政策と政府が行う財政政策の組み合わせとして正しいものを，次のア～エから1つ選びなさい。

	金融政策	財政政策
ア	国債を売る	減税をする
イ	国債を売る	増税をする
ウ	国債を買う	減税をする
エ	国債を買う	増税をする

資料Ⅱ　景気変動の様子

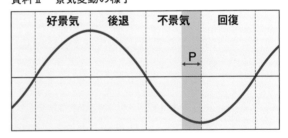

② 法人税や所得税と比較したとき，国の財政にとって消費税にはどのような利点があるか。右の**資料Ⅲ**を参考にして，「景気変動」の語句を使って簡潔に書きなさい。

資料Ⅲ　税収の推移

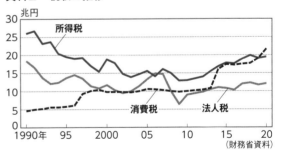

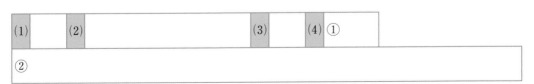

(1)		(2)			(3)		(4) ①	

②

高校入試対策テスト ②

時間 ▶ 50分
解答 ▶ 別冊 p.24

得点

/100

1 右の地図を見て，次の各問いに答えなさい。

【(4)は 5 点。他は 2 点×7】

(1) **地図**中の東京から真東に進んだ場合，最初に到達する大陸を何といいますか。

(2) **地図**中の**東京**が 2 月 10 日午前 9 時のとき，**サンフランシスコ**は 2 月何日の何時か。午前，午後を明示して答えなさい。なお，**地図**中の経線は 15 度ごとに引かれており，**サンフランシスコ**は，最も近い経線を標準時子午線としている。

(3) **地図**中の A ～ D の国について，次の各問いに答えなさい。

① 右の**資料Ⅰ**中の**ア～エ**は，A ～ D の国のいずれかを示している。A と D の国にあてはまるものを，それぞれ選びなさい。

② B の国のシェンチェンなど 5 つの地区では，税金を優遇するなどして，外国企業を受け入れている。この地区を何といいますか。

③ C の国の先住民を何といいますか。

④ 右の**資料Ⅱ**中の X にあてはまる国を，**地図**中の A ～ D から 1 つ選びなさい。

(4) 次の**資料Ⅲ**は，**地図**中の**タイ**の主な輸出品の変化を示している。タイの輸出品の中心はどのように変化したか，**資料Ⅲ**から読み取って簡潔に書きなさい。

地図　東京からの距離と方位が正しい地図

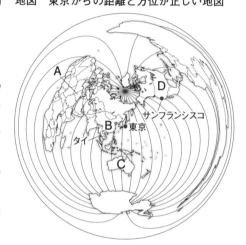

資料Ⅰ　4 か国の人口密度と国内総生産

国	人口密度（人/km²）	国内総生産（億ドル）(2018 年)
ア	3	14539
イ	34	205802
ウ	102	2498
エ	150	136082

※人口密度は 2020 年の人口と 2018 年の面積で計算。

(2020/21 年版「世界国勢図会」)

資料Ⅱ　大豆の国別生産量割合

世界計 3.5億t	X 35.5%	ブラジル 33.8	アルゼンチン 10.8	その他 19.9

(2018年)

(2020/21年版「世界国勢図会」)

資料Ⅲ

1980年 65億ドル	米 14.7%	野菜 11.5	天然ゴム 9.3	すず 8.5	その他 56.0

2018年 2525億ドル	機械類 31.2%	自動車 12.1	プラスチック 4.7	石油製品 3.7	その他 48.3

(2020/21年版「世界国勢図会」ほか)

(1)		(2)	2 月　　　日　　　時	(3) ① A　　　　D
②		③		④
(4)				

2 右の地図や地形図を見て，次の各問いに答えなさい。

(1) 右の**地図**中の**X**が示す，日本列島を東西に二分する大断層をカタカナで何といいますか。

(2) 右の**資料Ⅰ**は，**地図**中のア～エのいずれかの都市の雨温図である。あてはまる都市を１つ選びなさい。

(3) 右の**地図**中の**岩手県**の伝統的工芸品を，次のア～エから１つ選びなさい。

ア　輪島塗（わじまぬり）　イ　南部鉄器（なんぶ）
ウ　清水焼（きよみずやき）　エ　天童将棋駒（てんどうしょうぎこま）

地図

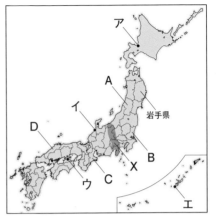

資料Ⅰ

気温　降水量
年平均気温 14.6℃
年降水量 2399mm
(2021年版「理科年表」)

(4) 右の**地形図**を見て，次の各問いに答えなさい。

① この**地形図**は何県のものか。県名を答え，その位置を**地図**中の**A～D**から１つ選びなさい。

② この**地形図**は２万５千分の１の縮尺（きょり）で表されたものであり，**地形図**中の**P―Q**の距離は，地形図上で１cmである。実際の距離は何mか。

③ この**地形図**について述べた次の文中の下線部ア～エのうち，誤っているものを１つ選びなさい。

　　宍道湖（しんじこ）大橋を渡（わた）って末次町（すえつぐちょう）へ行くと，ア市役所がある。そこから松江城（まつえじょう）へ行くと，松江城にはイ神社があり，ウ果樹園が広がっている。松江城のエ北には小泉八雲旧居（こいずみやくも）がある。

④ **地形図**中の小泉八雲旧居に関連して，小泉八雲の本名はラフカディオ＝ハーンといい，1890年に来日したイギリス人である。1890年代のできごととして正しいものを，次のア～エから１つ選びなさい。

ア　日露戦争（にちろ）が起こる。
イ　アヘン戦争が起こる。
ウ　日中戦争が起こる。
エ　甲午農民戦争（こうご）が起こる。

地形図

(２万５千分の１地形図「松江」)

(1)		(2)	(3)			
(4) ① 県名		記号	②	m	③	④

3 右の年表を見て，次の各問いに答えなさい。

【(5)②は4点×2。他は2点×5】

(1) 下線部aの時代の遺跡である，三内丸山遺跡（さんないまるやま）跡（いせき）のある場所を，右の**地図**中の**ア～エ**から1つ選びなさい。

(2) 下線部bの中国の王朝を，次の**ア～エ**から1つ選びなさい。
　ア 漢（かん）　**イ** 秦（しん）　**ウ** 隋（ずい）　**エ** 魏（ぎ）

(3) 下線部cについて，埼玉県にある稲荷山古（いなりやま）墳からは，「獲加多支鹵（わかたける）□□□」と刻まれた鉄剣が出土している。□□□にあてはまる，大和政権の王の称号（しょうごう）を何といいますか。

(4) 下線部dについて，この時代の日本について述べた文として<u>誤っているもの</u>を，次の**ア～エ**から1つ選びなさい。
　ア 冠位十二階（かんい）が制定された。
　イ 中大兄皇子（なかのおおえのおうじ）らが蘇我氏（そがし）をたおした。
　ウ 白村江（はくすきのえ）の戦いで，唐（とう）と新羅（しらぎ）に大敗した。
　エ 墾田永年私財法（こんでんえいねんしざいのほう）が制定された。

(5) 次の各問いに答えなさい。

　① 右の**資料Ⅰ**は，下線部eに収められた歌である。この歌をよんだ，九州北部の警備にあたった兵士を何といいますか。

　② 右の**資料Ⅱ**は，10世紀につくられた戸籍（せき）のうち，ある家族の男女別の内訳を示しており，**資料Ⅲ**は，律令により人々に課された負担を，男女別にまとめたものである。**資料Ⅱ**，**Ⅲ**について述べた次の文中の □ **X** □，□ **Y** □ にあてはまる内容を，どちらも「男子」「女子」の語句を使って簡潔に書きなさい。（かんけつ）

> 　**資料Ⅱ**から，男子より女子が不自然に多いことがわかる。これは，**資料Ⅲ**からわかるように，□ **X** □ ため，戸籍に □ **Y** □ からであると考えられる。

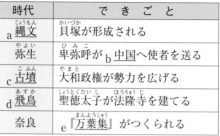

時代	できごと
a 縄文（じょうもん）	貝塚（かいづか）が形成される
弥生（やよい）	卑弥呼（ひみこ）が b 中国へ使者を送る
c 古墳（こふん）	大和政権が勢力を広げる
d 飛鳥（あすか）	聖徳太子（しょうとくたいし）が法隆寺（ほうりゅうじ）を建てる
奈良	e『万葉集（まんようしゅう）』がつくられる

地図

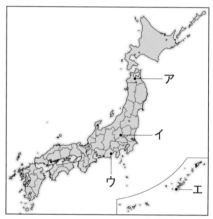

資料Ⅰ

> から衣（ころも）　すそに取りつき　泣く子らを
> 置（お）きてぞ来ぬや　母（おも）なしにして

資料Ⅱ

男子	5人
女子	13人

資料Ⅲ

負担	男子	女子
租（そ）	○	○
調（ちょう）	○	×
庸（よう）	○	×
雑徭（ぞうよう）	○	×
兵役（へいえき）	○	×

※○はその負担が課されていたことを，×はその負担が課されていなかったことを示す。

(1)		(2)		(3)				(4)		(5) ①	

② X	

Y	

4 主な世界遺産の位置を示した右の地図を見て，次の各問いに答えなさい。

【(4)②は5点。他は2点×7】

(1) **地図**中の**A**は，「紀伊山地の霊場と参詣道」の1つである高野山で，空海が開いた金剛峯寺がある。空海が始めた仏教の宗派を何といいますか。

(2) 地図中の**B**は，「古都京都の文化財」の1つの慈照寺で，この敷地内には銀閣や**資料Ⅰ**の部屋をもつ東求堂がある。**資料Ⅰ**に見られる，今日の和風住宅のもととなった建築様式を何といいますか。

(3) **地図**中の**C**には，「日光の社寺」の一つである日光東照宮があり，江戸幕府を開いた徳川家康をまつっている。江戸時代について，次の各問いに答えなさい。

① 江戸幕府第3代将軍徳川家光が政治を行った時期のできごとを，次の**ア**～**エ**から1つ選びなさい。

ア 大塩(平八郎)の乱　　**イ** ラクスマンの来航

ウ ザビエルの来日　　**エ** 島原・天草一揆

② 江戸幕府第8代将軍の徳川吉宗が行った改革の内容として正しいものを，次の**ア**～**エ**からすべて選びなさい。

ア 株仲間の解散　　　　**イ** 生類憐みの令の発布

ウ 公事方御定書の制定　**エ** 目安箱の設置

③ 江戸時代に起こった次の**ア**～**ウ**の外国のできごとを，年代の古い順に並べかえなさい。

ア アメリカ独立戦争　　**イ** ピューリタン革命　　**ウ** フランス革命

(4) **地図**中の**D**にある世界遺産について，次の各問いに答えなさい。

① 1872年に**D**に建てられた，生糸を生産する官営模範工場を何といいますか。

② 右の**資料Ⅱ**は，①の工場が操業していた1880年当時の政府の中心人物を示している。**資料Ⅱ**をもとに，自由民権運動が批判したことの1つを簡潔に書きなさい。

(5) **地図**中の**E**には，「ル・コルビュジエの建築作品」の1つである国立西洋美術館があり，国立西洋美術館は1959年に開館した。1959年当時の日本の状況として正しいものを，次の**ア**～**エ**から1つ選びなさい。

ア 沖縄は日本に復帰していた。　　**イ** 日米安全保障条約は改定されていた。

ウ 国際連合に加盟していた。　　　**エ** 選挙権年齢は18歳以上だった。

地図

資料Ⅰ

(慈照寺)

資料Ⅱ

氏名	出身藩	氏名	出身藩
伊藤博文	長州藩	西郷従道	薩摩藩
山県有朋	長州藩	井上馨	長州藩
黒田清隆	薩摩藩	寺島宗則	薩摩藩
大隈重信	肥前藩	大木喬任	肥前藩

(1)		(2)		(3)①		②	

③	→	→	(4)①	

②		(5)	

5 A～E班の発表テーマを示した右の表を見て，次の各問いに答えなさい。

〔(5)は完答で4点。他は2点×6〕

(1) **A班**のテーマについて，次の各問いに答えなさい。

① 次の日本国憲法第25条①の条文中の[　　　]にあてはまる語句を答えなさい。

A班	基本的人権
B班	地方自治のしくみ
C班	国会と内閣のしくみ
D班	国際連合のしくみ
E班	核兵器と世界

すべて国民は，健康で文化的な[　　　]の生活を営む権利を有する。

② 次の日本国憲法第26条①の条文が示す人権を，あとの**ア**～**エ**から1つ選びなさい。

すべて国民は，法律の定めるところにより，その能力に応じて，ひとしく教育を受ける権利を有する。

ア 参政権　　**イ** 社会権　　**ウ** 自由権　　**エ** 請願権

(2) **B班**のテーマについて，地方自治の直接請求権において，有権者数が3万人の地方公共団体の場合，議員の解職に必要な署名数と請求先の組み合わせとして正しいものを，右の表中の**ア**～**エ**から1つ選びなさい。

	必要な署名数	請求先
ア	6000人以上	首長
イ	6000人以上	選挙管理委員会
ウ	10000人以上	首長
エ	10000人以上	選挙管理委員会

(3) **C班**のテーマについて，次の問いに答えなさい。

① 国会の予算の議決について，衆議院で可決された予算が参議院で否決された場合，その後，予算が成立するのはどのような場合か，次の**ア**～**エ**から1つ選びなさい。

ア 衆議院で出席議員の3分の2以上の多数による再可決で成立する。

イ 両院協議会が開かれ，それでも不一致の場合，衆議院の議決通りに成立する。

ウ 衆議院の予算委員会が開かれ，出席議員の過半数の賛成で成立する。

エ 衆議院で総議員の3分の2以上の多数による再可決で成立する。

② 内閣が，国会の信任に基づいて成立し，国会に対して連帯して責任を負うしくみを何といいますか。

(4) **D班**のテーマについて，国際連合の安全保障理事会では，重要な問題について，常任理事国が1か国でも反対すると決定できない。常任理事国がもつこの権利を何といいますか，漢字3字で答えなさい。

(5) **E班**のテーマについて，右の**資料**は，世界の核保有国と保有数を示したものであり，[　]で囲んだ国は，核拡散防止条約の核保有国，それ以外は核拡散防止条約の不参加国を示している。**資料**を参考に，核拡散防止条約の問題点を2つ書きなさい。

資料

国	核兵器保有数
アメリカ	6185
ロシア	6500
イギリス	200
フランス	300
中国	290
インド	130～140
パキスタン	150～160
イスラエル	80～90
北朝鮮	20～30

(2019年1月時点)
(SIPRI YEARBOOK 2020)

(1)	①			②		(2)		(3)	①	

②				(4)						

(5)	

6 次の各問いに答えなさい。

【(3), (5)①は3点×2。他は2点×4】

(1) **資料Ⅰ**中の**A**，**D**にあてはまる税の種類の組み合わせとして正しいものを，次の**ア〜エ**から1つ選びなさい。

ア A—国税　　D—直接税

イ A—国税　　D—間接税

ウ A—地方税　D—直接税

エ A—地方税　D—間接税

資料Ⅰ　主な税金の種類

	C	D
A	所得税，法人税，相続税	消費税，揮発油税，酒税，関税
B	事業税，固定資産税	ゴルフ場利用税

(2) 所得税は，所得が高い人ほど，所得に対する税金の割合が高くなる課税のしくみをとっている。このような課税のしくみを何といいますか。

資料Ⅱ　年収別の消費税負担率

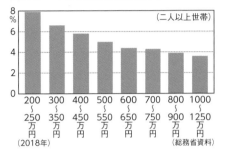

(2018年)　　　　　　　　　　　　（総務省資料）

(3) 消費税には逆進性があるといわれる。逆進性とはどのようなことか，右の**資料Ⅱ**から読み取れることにふれて簡潔に書きなさい。

(4) 政府が景気の調整のために行う財政政策として増税をするのは，好景気のときか不景気のときのどちらか，答えなさい。

資料Ⅲ　歳出総額と税収の推移

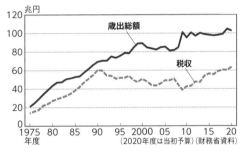

(2020年度は当初予算)（財務省資料）

(5) 税収と歳出について，次の各問いに答えなさい。

① 右の**資料Ⅲ**を参考に，国債が発行される目的を簡潔に書きなさい。

② 右の**資料Ⅳ**から読み取れることとして正しいものを，次の**ア〜エ**から1つ選びなさい。

ア 2020年度の歳出の総額は，1980年度の3倍以上になっている。

イ 3つの年度のうち，国債費の割合は，1980年度が最も低く，2020年度が最も高い。

ウ 3つの年度のうち，地方交付税交付金は，2000年度の金額が最も多い。

エ 3つの年度のうち，社会保障関係費は，2020年度の金額が最も多い。

資料Ⅳ　国の歳出の内訳の推移

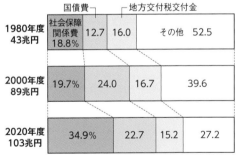

(2020/21年版「日本国勢図会」ほか)

(1)		(2)	

(3)	

(4)		(5)①		②

111

カバーイラスト	へちま
ブックデザイン	next door design（相京厚史，大岡喜直）
	株式会社エデュデザイン
図版	ゼム・スタジオ
写真	出典は写真そばに記載。
編集協力	余島編集事務所
データ作成	株式会社四国写研
製作	ニューコース製作委員会

（伊藤なつみ，宮崎純，阿部武志，石河真由子，小出貴也，野中綾乃，大野康平，澤田未来，中村円佳，渡辺純秀，相原沙弥，佐藤史弥，田中丸由季，中西亮太，髙橋桃子，松田こずえ，山下順子，山本希海，遠藤愛，松田勝利，小野優美，近藤想，辻田紗央子，中山敏治）

\ あなたの学びをサポート！/

家で勉強しよう。
学研のドリル・参考書

URL　　　　　　　https://ieben.gakken.jp/
X（旧 Twitter）　　@gakken_ieben

Web ページや X（旧 Twitter）では，最新のドリル・参考書の情報や，おすすめの勉強法などをご紹介しています。ぜひご覧ください。

読者アンケートのお願い

本書に関するアンケートにご協力ください。右のコードか URL からアクセスし，アンケート番号を入力してご回答ください。ご協力いただいた方の中から抽選で「図書カードネットギフト」を贈呈いたします。

アンケート番号：305303

https://ieben.gakken.jp/qr/nc_mondai/

学研ニューコース問題集　中学公民

この本は下記のように環境に配慮して製作しました。
●製版フィルムを使用しない CTP 方式で印刷しました。
●環境に配慮して作られた紙を使っています。

【学研ニューコース】

問題集

中学公民

[別冊]

解答と解説

- 解説がくわしいので，問題を解くカギやすじ道がしっかりつかめます。

- 特に誤りやすい問題には，「ミス対策」があり，注意点がよくわかります。

「解答と解説」は別冊になっています。
•••▶ 本冊と軽くのりづけされていますので，はずしてお使いください。

Gakken

1 現代社会と私たち

Step 1 基礎力チェック問題 （p.4-5）

1 (1) 持続可能 (2) グローバル化
(3) (国際)分業 (4) 人工知能(AI)
(5) 情報リテラシー (6) 少子高齢

解説 (1) 2015年，国連サミットで，2030年までに達成すべき国際目標として，「持続可能な開発目標(SDGs)」が採択された。
(4) 人工知能(AI)を活用した病気の診断や災害の予測などが行われている。
(6) 合計特殊出生率とは，1人の女性が一生のうちにうむ子どもの平均人数。

2 (1) ICT (2) ウ，オ (3) ア，イ

解説 (2) ウ…インターネット上で誰もがみられる状態にあったとしても，他人の作文を自分が書いたとして提出してはいけない。 オ…友だちの顔写真や名前は個人情報である。SNSやブログなどで勝手に公開してはいけない。

3 (1) ア
(2) 例 高齢化が最も急速に進んでいるから。

解説 (1)(2) 日本は高齢化が急速に進み，2007年に世界で初めて，65歳以上の人口割合が21％以上となる超高齢社会に突入した。

Step 2 実力完成問題 （p.6-7）

1 (1) ウ
(2) 例 海外に工場を移し，そこで生産する自動車の台数が増えている。

解説 (2) 国内の企業が工場を労働力が安い海外に移転することによって，国内産業が衰退することを産業の空洞化という。

2 (1) イ (2) ①B ②A ③C

解説 (1) イ…パソコンの世帯普及率が40％以上になった1999年の，インターネットの世帯普及率は20％程度である。 ア…1997年〜2000年は，インターネットの世帯普及率はパソコンを下回っている。 ウ…スマートフォンの世帯普及率が最も高い年は2019年で，パソコンの世帯普及率が最も高い年は2010年である。 エ…2010年のスマートフォンの世帯普及率は約10％で，2019年は約80％なので，10倍以上ではない。
(2) インターネットは，印刷される新聞に比べ，速報性があり，また，誰でも送・受信ができる双方向性をもっている。しかし，大量に流れる情報の中には，うわさのような不確かな情報も含まれているので注意が必要。

3 (1) 3(人) (2) 社会保障 (3) (約)1.4(人)

解説 (1) 表で，2040年の65歳以上の割合は35.3％なので，$100 \div 35.3 = 2.8\cdots$ となり，整数にすると3となる。
(2) 「健康で文化的な最低限度の生活を営む権利」（日本国憲法第25条の生存権）を保障するためにつくられている制度が社会保障制度である。
(3) 2050年の15〜64歳の推計人口は，101920000(人)×0.518 = 52794560(人)，65歳以上の推計人口は，101920000(人)×0.377 = 38423840(人)。したがって，52794560(人)÷38423840(人) = 1.374…より，約1.4人となる。

4 例 年齢が高くなるほど，また，年収が低くなるほど，インターネット利用率が低くなる傾向にある。

解説 コンピュータやインターネットを使える人とそうでない人との間に生じる格差をデジタル・デバイド（情報格差）という。若い人と高齢者，年収の高い人と低い人の間にデジタル・デバイドがあると考えられる。また，先進工業国と発展途上国の間にもデジタル・デバイドがある。

2 私たちの生活と文化

Step 1 基礎力チェック問題 （p.8-9）

1 (1) 宗教 (2) 芸能，工芸(品) (3) 年中行事
(4) 文化財 (5) 核家族(世帯) (6) 単独世帯
(7) 社会集団 (8) 社会的存在 (9) 公正

解説 (4) 1950年に文化財保護法が制定され，有形・無形の文化財の保護・活用が図られている。
(5) 現在の日本の家族形態の中で最も大きな割合を占めているのが核家族世帯である。
(6) 単独世帯は一人世帯ともいう。高齢者の一人

暮らしが増えている。三世代世帯は，祖父母，親，子どもの三世代がともに暮らす世帯で，かつては日本の家族形態の中で大きな割合を占めていた。

(9) 話し合いの場に，みんなが対等に参加し，誰もが決定に参加できる手続きの公正さと，一部の人だけが利益を得たりすることのないようにする機会・結果の公正さがある。

② (1)①イ ②ウ ③ア (2)ア，エ

解説 (2) 七五三は，3歳，5歳，7歳になった子どもの成長を祝って神社にお参りをする11月の年中行事。端午の節句は，男の子の健やかな成長を願って行われる5月の年中行事。

③ (1)核家族(世帯) (2)単独(一人)世帯

(3)①ウ ②オ

解説 (3)「個人の尊厳」は，個人の価値を認め，その人権を尊重すること。「両性の本質的平等」は，男女が根本的に平等な権利をもつことをいう。

④ A オ B ウ C エ D ア E イ

解説 効率は，それぞれの人が最大の利益を得られるよう，時間や労力などの無駄がないようにすることをいう。また，公正は公平でかたよりがないようにすることをいう。

Step 2 実力完成問題 （p.10-11）

① (1)芸術 (2)例 結婚式(葬式)

(3)伝統文化 (4)①ウ ②ア

(5)①キ ②エ

解説 (2) 例えば，結婚式は神社(神道)やキリスト教会など，葬式は仏教寺院などで行われることが多い。

(4) 文化財のうち，①の輪島塗の製品などのように形のあるものを有形文化財，工芸技術や演劇などのように形のないものを無形文化財という。②のなまはげのような民俗行事は無形の民俗文化財である。

(5) ①お盆のほか，春・秋のお彼岸も先祖を敬う気持ちが込められた年中行事で，墓参りをしたり，寺院に参詣したりする。 ②季節に応じた自然と深く関わる年中行事には，春の花見のほかにも，秋の月見や紅葉狩りなどがある。

② ①ウ ②ア ③イ

解説 ②祖父母，親，子どもがともに暮らす三世

代世帯は，核家族世帯に比べ，子育てなどの知恵が家族の中で継承されやすいという長所がある。

▶要注意 現在の家族形態の中心は核家族世帯。三世代世帯は減少し，単独世帯が増えている。

③ (1)社会的存在 (2)家族 (3)契約

(4)イ

解説 (2) 人が生まれたときから属する社会集団が家族である。

(3) 権利に関して互いに納得した上でとりかわす約束が契約である。

(4) この中学校では部が7つあり，それぞれの部員数も多い。そのため，全員が参加して話し合うよりも，代表者を選んで話し合うほうが効率の考え方に合っている。また，話し合いのあと，採決をする方法には全員一致(全会一致)と多数決がある。人数が多い場合は，結論を出すまでに時間のかかる全員一致の方法よりも多数決のほうが効率の考え方に合い，手続きや機会が公正だといえる。

④ (1)55.8 (2)ウ

解説 (1) 表中の夫婦のみ，夫婦と子ども，一人親と子どもの世帯が核家族世帯にあてはまる。合計は29754(千世帯)となるので，29754(千世帯)÷53332(千世帯)×100＝55.79…で，小数第2位を四捨五入して，55.8％となる。

(2) ア…2000年と2005年は単独世帯より夫婦と子どもの世帯のほうが多いので，誤り。 イ…いずれの年も夫婦と子どもの世帯数は一人親と子どもの世帯数より多いが，2010年と2015年は，その差は1000万世帯より小さい。 エ…2015年の世帯の総数から2000年の世帯の総数を引くと，53332(千世帯)－46782(千世帯)＝6550(千世帯)で，655万世帯しか増えていない。

定期テスト予想問題 ① （p.12-15）

① (1)例 現在と将来の世代の幸福を調和させる社会。

(2)イ

解説 (1) 経済を成長させるために，やみくもに開発を進め，環境破壊を続けると，将来の世代に大きな負担を残すことになる。そうならないように，環境保全と開発の調和を図る社会を持続可能な社

会という。

2 (1)例 **輸入品に占める工業製品(機械類)の割合が高くなった。**

(2)**自由** (3)①**ウ** ②**ア**

解説 (1) 加工貿易は燃料・原料を輸入して工業製品を輸出する貿易。グラフでは，2019年の日本の輸入品は機械類の占める割合が最も大きくなっている。これは，多くの企業がアジアなどに工場を移し，現地で生産した工業製品を輸入するようになったことが大きな要因になっている。

(2) 貿易の自由化とは，関税や輸入制限をなくし，自由に貿易を行うことである。日本では，かつては輸入制限を行っていた肉類や果実などは段階的に自由化が進められた。近年，日本は，さまざまな国との間でEPA(経済連携協定)を結び，貿易の自由化に加え，幅広い経済協力を行っている。2018年に発効したTPP(環太平洋経済連携協定)は，日本を含む太平洋を取り巻く11か国による経済連携協定である(2021年現在)。

3 (1)例 **情報の価値を判断し，情報を選んで正しく利用する能力。**

(2)**G**

解説 (1) 情報(メディア)リテラシーは，情報を読み解き，活用する能力のことをいう。

(2) Gのようにネット上に自分や他人の個人情報(名前や写真など)を公開すると，情報が悪用され，自分が困るだけでなく他人に迷惑をかけるおそれがある。

4 (1)①例 **仕事と子育てが両立できる環境づくりをする。** ②例 **働き手の不足を補う。**

(2)**イ**

解説 (1) ①会社内に保育施設があると，子どもを保育施設に預けて仕事をすることができる。 ②働き手の不足を補うために，定年年齢の引き上げのほか，外国人労働者の受け入れも進められている。

(2) 日本の人口が1億人を下回ると予想されているのは2050年代である。

5 (1)①**イ** ②**ア** ③**ウ**

(2)①**ウ** ②**エ** ③**ア**

解説 (1) ①儒教(儒学)は中国の孔子の教え。日本では，とくに江戸時代に政治・社会の面で大き

な影響を与えた。 ②安土桃山時代に千利休がわび茶を大成した。 ③稲作は，縄文時代の終わりごろに九州北部に伝わり，弥生時代に東日本にまで広まった。

(2) ①西アジアの大部分の人々はイスラム教を信仰している。聖地のメッカ(サウジアラビア)は，イスラム教を開いたムハンマドが生まれたところである。 ②東南アジアのタイやミャンマーなどは仏教を信仰している人が多い。

6 (1)例 **四季の変化がはっきりしている。**

(2)①例 **豊作(の願い)** ②**観光(資源)**

解説 (1) 花見は春，海開きは夏，紅葉狩りは秋の年中行事。温帯の日本は，季節の移り変わりがはっきりした気候である。

(2) ①東北地方のように稲作のさかんな地域では，祭りなどの年中行事に農作物の豊作を願う気持ちが込められたものが多い。 ②秋田竿燈まつりは，青森ねぶた祭，仙台七夕まつりとともに東北三大祭りの1つで，全国から多くの観光客が集まる。

7 (1)①**C** ②**B**

(2)例 **さまざまな世代の人が住むので，さまざまな考え方や生活の知恵などを学ぶことができる。**

解説 (1) 三世代世帯は祖父母，親，子どもがともに暮らす世帯。単独世帯は一人暮らしの世帯で，一人世帯ともいう。近年，高齢者の単独世帯も増えている。

(2) となり近所などの地域社会は，子どもから高齢者まで，さまざまな世代の人で構成されている。

8 (1)①**ウ** ②**イ** ③**ア**

(2)例 **ほかの人の立場に立って(考える)**

解説 (1) 効率は，時間やお金，労力などで無駄がないようにすること。公正のうち，手続きの公正さは，話し合いなどにみんなが参加し，参加できない人がないようにすること。結果の公正さは，一部の人だけが不利益になることのないようにすることである。

(2) どうしたらみんなが対等に利益を得ることができるかを考えるときは，自分の立場をほかの人の立場に置きかえ，その人の立場に立って考えてみることが大切である。

1 人権と日本国憲法

Step 1 基礎力チェック問題 （p.16-17）

1 (1) ロック　(2) ルソー　(3) 人権宣言
(4) ワイマール憲法　(5) 大日本帝国憲法
(6) 国民

解説 (2) 社会契約説とは，社会が個人どうしの契約によって成立するという考え方。ルソー以前にも，ロックが社会契約説を唱えた。
(5)「臣民」は，「君主に支配されている民」という意味。大日本帝国憲法では，人権は天皇が恩恵的に与えるもので，生まれながらにもつ権利ではなかった。
(6) 国の政治の最終的な決定権を主権という。

2 (1) イギリス　(2) 自由権　(3) 明治時代
(4) 天皇　(5) 社会権(生存権)

解説 (1) イギリスでは，13世紀に王権を制限することを認めさせたマグナ・カルタに人権思想のめばえが見られる。その後，17世紀になると，権利(の)章典で議会の権限が確立され，国民の自由と権利の保障に大きな役割を果たした。
(2) 国家が国民の生活に立ち入らず，国民の自由に任せるべきだという考えから，まず自由権が保障され，自由な経済活動が発展した。
(3) 明治時代になって，君主権の強いドイツなどの憲法を参考に大日本帝国憲法が定められた。

3 (1) A 国民主権　B 基本的人権の尊重
C 平和主義　(2) 立憲主義
(3) 公布 1946(昭和21)(年)11(月)3(日)
施行 1947(昭和22)(年)5(月)3(日)
(4) 国民投票　(5) 象徴　(6) 生まれながら
(7) 第9条　(8) 自衛隊

解説 (2) 立憲主義は，政治が人の支配ではなく法の支配によって行われるという考え方とほぼ同じである。
(6) 日本国憲法第11条では基本的人権を「侵すことのできない永久の権利」と定めている。
(8) 政府は，自衛隊は「自衛のための必要最小限度の実力」であるから，違憲ではないとしている。

Step 2 実力完成問題 （p.18-19）

1 (1) X 平等　Y 国民　(2) モンテスキュー
(3) ドイツ　(4) 例 資本主義経済が発展して貧富の差が広がったことから，人間らしい生活を国が保障するため。

解説 (4) 資本主義が発達したことで貧富の差などの社会問題が起こり，その結果，社会権の保障が求められたことを押さえておこう。

2 (1) a 国民　b 天皇　(2) ① ウ　② ア

解説 (1) 君主主権に基づいて君主が制定した憲法を欽定憲法，国民主権に基づいて議会などを通じて国民が制定した憲法を民定憲法という。
(2) ① 国民の権利は，法律によって制限されるものであった。

> **ミス対策** 大日本帝国憲法下で，一定の税金を納めた場合に認められていた権利は選挙権。

3 (1) ① 国事行為　② イ
(2) a 戦争　b 放棄　c 戦力
(3) 非核三原則　(4) X ア　Y ウ

解説 (1) 天皇の国事行為は形式的・儀礼的なもので，その責任は内閣が負っている。
(3) 非核三原則は，日本国憲法に直接定められてはおらず，1967年に佐藤栄作首相が国会で述べ，1971年に国会で決議されたものである。
(4) ▶要注意 憲法改正の発議のためには，両議院で総議員の3分の2以上の賛成が必要。「出席議員」や「4分の3」と間違えないようにしよう！

4 例 国民が制定した法によって権力を制限

解説 法の支配による政治では，国王であっても，国民が制定した法によって政治権力を制限され，国民の権利や自由を侵害することはできない。

2 基本的人権(1)

Step 1 基礎力チェック問題 （p.20-21）

1 (1) 個人の尊重　(2) 法
(3) 男女雇用機会均等法　(4) (生命・)身体
(5) 経済活動　(6) 生存権　(7) 団結権

解説 (1) 個人の尊重とは，人がその人らしく生き

ていくために必要な自由や権利を保障すること
で, 日本国憲法第13条に明記されている。

(3) 男女共同参画社会基本法は, あらゆる場面で,
男女が対等な立場で活躍する社会をつくることを
目指し, 1999年に施行された。

(7) ▶**要注意** 団結権は, 労働者が団結して労働組
合を結成する権利, 団体交渉権は, 労働者が使用
者（雇用者）と対等な立場で賃金や労働条件など
について交渉する権利, 団体行動権（争議権）は,
労働者が要求を実現するためにストライキなどを
行う権利である。

2 ①例 **被差別部落の出身者** ②例 **在日韓国・朝
鮮人**

解説 ① 2016年に, 国や地方公共団体に部落差別
解消のための積極的な対策を義務づける部落差別
解消推進法が制定された。 ②在日韓国・朝鮮人
は, 日本で生まれ生活していても日本国籍がない
ため, 選挙権や公務員になることなどが制限され
ている。就職や結婚などでの差別も残っており,
差別の解消や人権保障の推進が求められている。

3 ①**ウ** ②**ア** ③**ア** ④**イ** ⑤**ウ**

解説 ①は居住・移転の自由, ②は信教の自由,
③は集会・結社・表現の自由, ④は逮捕・拘禁な
どに対する保障, ⑤は職業選択の自由である。

4 (1) **社会** (2) **社会保障制度** (3) **義務教育**

(4) ①**団体交渉権** ②**団体行動権（争議権）**

解説 (2) 日本の社会保障制度には, 社会保険, 公
的扶助（生活保護）, 社会福祉, 公衆衛生の4つ
の柱がある。

(3) 義務教育は, 小学校・中学校の普通教育である。

(4) 労働基本権（労働三権）を具体的に保障する
法律として, 労働組合法が定められ, 労働基準法,
労働関係調整法とあわせて労働三法と呼ばれる。

Step 2 実力完成問題 （p.22-23）

1 ①**ア** ②**エ** ③**ウ** ④**キ**

解説 ①は基本的人権の享有, ②は個人の尊重,
③は法の下の平等, ④は両性の本質的平等（男女
同権）について定めた条文である。

2 (1) **ウ** (2)①**アイヌ文化振興法**
②**アイヌ施策推進法（アイヌ民族支援法）**
(3)例 **違いを認めて, お互いを理解し尊重する。**

解説 (1) **ウ**…公職選挙法が改正され国政選挙の選
挙権が認められたことはない。神奈川県川崎市な
ど, 定住外国人に対して制限つきながらも公務員
の採用を行う地方公共団体が増えている。

(2)②アイヌ施策推進法に先立って, 2008年に「ア
イヌ民族を先住民族とすることを求める決議」が
国会で採択されている。

3 (1) 精神の自由 **ア, ウ** 経済活動の自由 **イ**
(2)**イ** (3) a **健康** b **文化** 権利…**生存権**

解説 (1) エは教育を受ける権利で, 社会権の一つ。

(2) アは国家賠償請求権で請求権, イは団体交渉
権で社会権, ウは請願権, エは選挙権で参政権の
一つである。

4 例 **車椅子の利用者でも通行しやすいように,
段差のないスロープが設置されている。**

解説 スロープは, 車椅子の利用者のほか, ベビー
カーやキャリーケースを運ぶ人, 高齢者などに
とっても使いやすい。

> **ミス対策** 障がい者や高齢者が利用しやすいよ
> うに障壁（バリア）を取り除く（フリー）ことが
> バリアフリー, 誰もが使いやすいデザインを
> ユニバーサルデザインという。

3 基本的人権(2)

Step 1 基礎力チェック問題 （p.24-25）

1 (1) **参政権** (2) **裁判を受ける権利** (3) **納税**
(4) **環境権** (5) **自己決定権** (6) **世界人権宣言**

解説 (2) 最高裁判所裁判官の国民審査権は, 参政
権に含まれる。

(4) 1993年に環境基本法が制定され, 環境に配慮
した社会をつくるために, 国や地方公共団体, 企
業が果たすべき役割を定めた。

(5) 医療分野でのインフォームド・コンセント（十
分な説明に基づく同意）や, 尊厳死, 臓器移植の
意思表示などで, 自己決定権が尊重されている。

2 (1)①**国民投票** ②**国民審査** ③**住民投票**
(2) **被選挙権** (3)①**イ** ②**エ** ③**ア**
(4) **公共の福祉** (5) **国際連合**

解説 (1)②国民審査は, 最高裁判所の裁判官の任

命後初めて行われる衆議院議員総選挙のときと，その後 10 年後以降の衆議院議員総選挙のときに行われる国民による信任投票である。③この場合の住民投票は憲法に定められたものだが，地域の重要な問題に対して，条例を制定して行われる住民投票も，近年増えている。

(4) ▶要注意 公共の福祉による人権の制限として，他人の名誉を傷つける行為の禁止（表現の自由の制限），医師や弁護士などの資格がない者の営業禁止（経済活動の自由の制限）などがある。

③ ①ウ ②ア ③エ ④イ

解説 ①地域開発など大規模な工事による環境破壊を防ぐために，環境アセスメント（環境影響評価）法などが定められている。 ②情報開示請求が認められると，国や地方公共団体が作成した公的な文書や写真などを見ることができる。 ④行政機関や企業には大量の個人情報が蓄積されているため，自分の情報の訂正・削除を求めることや，情報の取扱いについて確認できるように，個人情報保護法が制定されている。

Step 2 実力完成問題 （p.26-27）

① (1) ①参政権 ②請求権
(2) a選挙 b被選挙 (3) cウ dエ
(4) 国家賠償請求権

解説 (3) 条約改正や内閣総理大臣の指名について，国民が直接投票して決めることはできない。
(4) 国から受けた損害に対して起こした裁判であるから，国家賠償請求権が正しい。

② (1) 公共の福祉 (2) エ

解説 (1) 公共の福祉については，「国民の権利については，公共の福祉に反しない限り，…最大の尊重を必要とする」とする日本国憲法第 13 条も重要である。
(2) エ…他人の人権を侵害するものではなく，表現の自由が保障されている。

③ A教育 B勤労

解説 A…国民には，教育を受ける権利と，保護する子女に普通教育を受けさせる義務がある。

④ (1) 女子差別撤廃条約 (2) 子どもの権利条約（児童の権利に関する条約） (3) 批准していない。

解説 (3) 死刑制度については，最高裁判所が日本

国憲法第 36 条に定める「残虐な刑罰」にはあたらず，合憲であるとしている。しかし，人道的な観点や，犯罪抑止力への疑問などから世界では死刑を廃止している国が多い。

⑤ X 例 犯罪の防止
Y 例 プライバシーの権利を侵害する

定期テスト予想問題 ② （p.28-31）

① (1) ①ロック ②（アメリカ）独立宣言
③（フランス）人権宣言 (2) 世界人権宣言

解説 (1) ②独立宣言は，ロックの影響を受けて基本的人権などを主張したもの。 ③人権宣言も，基本的人権や国民主権などを主張している。

② (1) ①天皇 ②表現（言論） (2) 公布
(3) ①例 国の政治のあり方を最終的に決める権限が国民にあるという原理。 ②ルソー
(4) 第 9 条 (5) Aイ Bエ Cオ

解説 (1) ②絵では，新聞を発行した人が縄でしばられている。したがって，表現活動が弾圧されていたことがわかる。大日本帝国憲法下では，国が出版物などの内容を強制的に調べる検閲が行われていた。
(2) 公布は広く一般に知らせること，施行は法律の効力が発生することである。
(3) ②ルソーは『社会契約論』で，人々が社会契約によって国家をつくり，合意（約束ごと）によって人民主権の政府をつくることを主張した。
(4) 日本国憲法前文では，「日本国民は，恒久の平和を念願し，……平和を愛する諸国民の公正と信義に信頼して，われらの安全と生存を保持しようと決意した」と，国際協調主義・平和主義を明記している。

③ (1) 最高法規 (2) エ (3) 生存権 (4) 請願権
(5) 例 ピアノを演奏したい人と，ピアノの音を聞きたくないと思う人の，両方の権利を尊重する考え方。

解説 (1) 日本国憲法は国の最高法規であり，国会が定める法律や，内閣が定める政令などが憲法に違反している場合は無効となる。
(5) 集団生活における規則を定めるときには，さまざまな人に配慮する必要があり，お互いの要望

をかなえるために自分の要望が制限されることもある。

4 (1) ①（生命・）身体の自由　②精神（活動）の自由　(2) エ　(3) イ　(4) 刑事補償請求権

(5) ①平等　②例 30代で働く女性の割合が低いのは，家事・育児のために辞める女性が多いからだと考えられるので，女性だけではなく男性も家事・育児に参加しやすい環境を整えていくことが必要である。

(6) 例 医師の資格がなければ医療行為をしてはいけないことは，職業選択の自由を制限している。

解説 (1) ①理由なく身体を拘束されない自由が保障されている。②心の中の自由と，それを表現する自由が保障されている。

(2) アの裁判を受ける権利は請求権である。イの社会権は，20世紀になって確立された権利であり，大日本帝国憲法では定められていなかった。ウの介護が必要な人々が支援を受けられる制度は介護保険制度であり，社会保険の1つである。

(5) ②日本では，「結婚した女性は家庭に入るべきだ」とか「育児は女性の仕事だ」といった考え方がまだ根強いこともあり，30代で働く女性の割合が低くなっている。

(6)「経済活動の自由を制限している。」でも正解。

5 (1) ①例 周囲の建物の日当たりを妨げないため。　②環境権（日照権）

(2) 自己決定権　(3) ア

解説 (1) 上部がななめになっていることで，建物によってできる影は小さくなり，日当たりが確保できる。日当たりは人間らしい生活にとって欠かせないもので，日照権として認められている。

(2) 臓器提供意思表示カードは，自分が脳死あるいは死亡と判定された場合に，移植のために臓器を提供するかどうかを自己決定し，その意思を示すためのものである。

【3章】現代の民主政治と社会

1 民主政治と選挙，政党

Step 1 基礎力チェック問題 （p.32-33）

1 (1) 間接民主制（議会制民主主義，代議制）

(2) 普通選挙　(3) 比例代表制

(4) 小選挙区比例代表並立制

(5) メディアリテラシー（情報リテラシー）

(6) 与党

解説 (2) 普通選挙は，一定の年齢に達したすべての人に選挙権を与える原則である。

2 (1) 直接民主制　(2) ①（満）18（歳）

②ア平等選挙　イ秘密選挙

③X小選挙区制　Y比例代表制

④イ　⑤ア不平等　イ棄権

解説 (1) 憲法改正の国民投票や，最高裁判所裁判官に対する国民審査などが直接民主制に近い。

(2) ①2015年に公職選挙法が改正され，選挙権が満20歳以上から満18歳以上に引き下げられた。国政選挙では，2016年7月の参議院議員選挙が選挙権年齢引き下げ後の最初の選挙となった。③Xの小選挙区制では，最も多くの票を得た候補者が当選する。いっぽう，Yの比例代表制では，政党名（参議院議員選挙では，候補者名も可）を書いて投票し，政党が得た得票率（数）に応じて議席が配分される。　④参議院議員選挙は，議員定数248名のうち，148名を選挙区制で選び，残り100名を全国を1つの単位とした比例代表制で選ぶ。衆議院議員選挙は，議員定数465名のうち，289名を小選挙区制で選び，残り176名を比例代表制で選ぶ。

3 Xア　Yイ

解説 議会での議決は多数決によって行われるため，与党（多数党）の数の力による議会支配が行われがちである。野党は与党のこうした議会支配を防ぎ，議会を民主化するはたらきを担う。

Step 2 実力完成問題 （p.34-35）

1 (1) 小選挙区

(2) ①間接民主制（議会制民主主義，代議制）

②**多数決(の原理)** (3)①**イ，エ**

②例 **選挙区**によって，**1票の価値が異なる。**(18字)

(4)**ウ** (5)A党…**4** B党…**2**

C党…**1** D党…**3**

解説 (3)①アの収入による制限は，かつて大日本帝国憲法下の選挙で行われていた。ウの被選挙権は，立候補する選挙によって満25歳以上と満30歳以上(参議院議員と都道府県知事)と定められている。 ②議員1人あたりの有権者数を計算すると，選挙区Aは選挙区Bの約3倍であり，1票の価値は選挙区Bのほうが重い。

(5) 各政党の得票数を1，2，3…の整数で割り，その数が大きいほうから順に10名までが当選する。

	A党	B党	C党	D党
得票数÷1	10,000①	6,000③	2,200⑩	8,000②
÷2	5,000④	3,000⑦	1,100	4,000⑤
÷3	3,333⑥	2,000	733	2,667⑧
÷4	2,500⑨	1,500	550	2,000
÷5	2,000	1,200	440	1,600

①〜⑩の順に議席が配分される。

2 (1)**ウ** (2)**イ** (3)**ア**

解説 (1) X…テレビや新聞などは利益団体(圧力団体)ではなく，マスメディア。

(2) Y…政権を担当している政党を与党，それ以外の政党を野党という。野党には，政府を監視・批判する役割がある。

3 (1)資料Ⅰ例 **有権者数が少ない。**

資料Ⅱ例 **投票率が低い。(または)棄権が多い。**

(2)例 **若い世代の意見が政治に反映されにくくなると考えられる。**

解説 (1) 資料Ⅰ…少子高齢化が進んでいることにより，若い世代の有権者が少なくなっている。資料Ⅱ…年齢の高い世代のほうが投票率が高い傾向にある。

(2) 一般に政治家は投票する人の意向を重視して政治を行うため，有権者が少なく，投票率が低い若い世代よりも，投票率が高い年齢の高い世代に有利な政治をしようとする。このため，一部の人々によって政治が決められてしまうおそれがある。

---

2 国会のしくみと仕事

Step 1 基礎力チェック問題 (p.36-37)

1 (1)**国権，立法** (2)**二院制(両院制)**

(3)**常会(通常国会)** (4)**3分の2**

(5)**両院協議会** (6)**弾劾**

解説 (1) 国会は，主権者である国民が直接選挙によって選んだ代表者(議員)によって構成されるため，国権の最高機関として，国の政治では重要な地位にある。

(5) 両院協議会は，予算の議決，条約の承認，内閣総理大臣の指名について両議院の意見が異なったときは必ず開かれる。

2 (1)a**イ** b**ウ** c**オ** d**カ**

(2)①**解散** ②**衆議院の優越**

(3)①**常会(通常国会)** ②**特別会(特別国会)**

③**(参議院の)緊急集会**

(4)①a **委員会** b**本会議** ②**衆議院**

③**公聴会** (5)**ウ**

解説 (2)②衆議院の解散後には総選挙が行われるため，そのときの世論が選挙に反映される。

(3)②特別会は，衆議院の解散による総選挙の日から30日以内に召集される。 ③参議院の緊急集会は，衆議院の解散中に国会の議決が必要な緊急事態が生じた場合に，内閣の求めで開かれる。

(5) 国政調査権は，国政上の正しい判断と法律をつくるのに必要な資料を得るために調査を行う権限で，両議院が対等にもつ。証人喚問を行ったり，内閣に記録の提出を求めたりできる。

Step 2 実力完成問題 (p.38-39)

1 (1)①**国民** ②**国権** ③**立法**

(2)①**二院制(両院制)** ②例 **慎重な審議によって，もう1つの議院の行き過ぎをおさえるため。**

(3)**ウ**

解説 (2)①イギリスやアメリカも二院制を採用している。 ②2つの院が置かれているのは，さまざまな意見をより広く国会に反映させるため。

(3) 法律案はまず，どちらかの議院の委員会で審議され，次に本会議に送られる。

ミス対策 法律が公布されるまでの流れはよく問われるので，教科書の図などで必ず確認しておこう。

2 (1) **ア×　イB　ウB　エA　オ×　カA**

(2) ① **30**（日）　②例 **衆議院は参議院よりも任期が短く解散もあるため，国民の意見をより強く反映しやすいと考えられるから。**

解説 (1) 衆議院の議員定数は465人，被選挙権は満25歳以上，任期は4年で解散もあり，小選挙区比例代表並立制で選挙される。参議院の議員定数は248人，被選挙権は満30歳以上，任期は6年で解散はなく，選挙区制と比例代表制で選挙される。

(2) ①予算の議決や条約の承認は30日以内，内閣総理大臣の指名の議決は10日以内に参議院が議決しなければ，衆議院の議決が国会の議決となる。

3 (1) **臨時会（臨時国会）**

(2) ①**条約**　②**憲法改正**　③**裁判官**

(3) ①**ア**　②**公聴会**　(4) **両院協議会**

解説 (2) ①内閣が外国と結んだ条約は，国会の審議を経て承認されたのち，内閣が批准し，天皇が公布する。

4 指名される人 **Y**　理由 例 **衆議院と参議院で議決が異なる場合，衆議院の議決が国会の議決となるから。**

解説 衆議院では国会議員Yが選ばれ，参議院では国会議員Xが選ばれている。各議院の議決が異なるので両院協議会が開かれたが，意見は一致しなかったので，衆議院の優越により，衆議院の議決が国会の議決となる。

3 内閣のしくみと仕事

Step 1 基礎力チェック問題 (p.40-41)

1 (1) **国務大臣**　(2) **閣議**　(3) **議院内閣制**

(4) **国事行為**　(5) **政令**　(6) **行政改革**

(7) **規制緩和**　(8) **全体**

解説 (2) 閣議は，内閣総理大臣とすべての国務大臣が出席し，原則として全会一致で決定を行う。

(5) 政令は法律を実施するための細かいきまり。

(6) 行政改革は，「小さな政府」を実現しようとして日本では1980年代ごろから始まった。

2 (1) **行政**　(2) ①**イ**　②**解散**

③**ア 10**　**イ 総辞職**

解説 (1) さまざまな省庁の頂点に立ち，行政の仕事全体を指揮・監督するのが内閣である。

(2) 図のように，国民の代表機関である国会から内閣が生まれ，内閣が国会に対して連帯して責任を負うしくみを議院内閣制という。

3 (1) **イ**　(2) ①**内閣府**　②**法務省**　③**厚生労働省**

④**防衛省**　(3) **イ**

解説 (1) **ア・ウ**は国会，**エ**は裁判所の仕事。条約は，内閣が締結し，国会で承認される。

(2) ①内閣府は，2001年に行われた中央省庁の再編によって設置された。　③厚生労働省は，2001年の中央省庁再編で，厚生省と労働省が統合してできた省。　④防衛省は，日本の安全保障に取り組み，自衛隊のほか在日米軍に対する政策も行う。2007年に，防衛庁から防衛省に昇格した。

(3) **ア**の郵政民営化は，政府が行ってきた郵政事業を民間に任せること，**ウ**の公務員の削減は，人件費の削減になり，行政の効率化の試みといえる。

Step 2 実力完成問題 (p.42-43)

1 (1) ①**文民**　②**国会議員**　③**罷免**

(2) ①例 **内閣が国会の信任に基づいて成立し，国会に対して連帯して責任を負う制度。**

②**エ**　(3) ①**エ**　② **(参議院の)緊急集会**

解説 (1) ①文民とは，職業軍人ではない人という意味。　③内閣総理大臣は，国務大臣を任命したり罷免（やめさせること）したりできる。

(2) ②イギリスでは，貴族院（上院）と庶民院（下院）の二院制がとられている。韓国やフランスは，大統領も国民によって選ばれる。中国は，議会にすべての権力が集中している。

(3) ①衆議院解散の日から40日以内に衆議院議員総選挙が行われ，総選挙の日から30日以内に国会（特別会）が召集される。

ミス対策 総選挙後に開かれる特別会（特別国会）で，最初に内閣は総辞職し，新しい内閣総理大臣の指名が行われる。

② (1) **エ** (2) ①**閣議** ②**エ**

解説 (2) ①写真では，内閣総理大臣と国務大臣が集まっている。　②閣議は内閣の全構成員による会議で，非公開で行われる。

③ (1) **公務員** (2) **ア** (3) **行政改革**

解説 (2) ア…全体の奉仕者とは，一部の人の利益を優先させないということであり，国民一人ひとりに合わせたきめ細かな仕事をすることとは矛盾しない。　イ…それぞれの省庁の利益を優先させ，ほかの省庁と協調して仕事を進めないなどの「縦割り行政」が指摘されている。　ウ…一部の公務員が，政策の立案を通して政治を動かす「官僚政治」も問題になっている。　エ…諸官庁の権限と業界団体の利益が深くからみ合っていることから，「天下り」と呼ばれるこのような公務員の再就職が生まれた。
(3) 2007年の郵政民営化のほか，過去には，1985年に日本電信電話公社がNTTグループに，1987年には日本国有鉄道がJR各社にそれぞれ民営化された。

④ 例 **連邦議会の議員と大統領が国民の選挙によって別々に選ばれるため。**

解説 議院内閣制では，国会の指名により内閣総理大臣が決まるため，国会と内閣は協力して政治を進めることができるが，大統領制での大統領は議会の議員とは別に国民が選挙で選ぶため，独立性が高い。アメリカの場合，国民が選ぶのは大統領選挙人であるが，大統領選挙人が決まった時点で，誰が大統領になるかが実質的に決まる。

4 裁判所のはたらき，三権分立

Step 1 基礎力チェック問題 （p.44-45）

① (1) **良心** (2) **下級裁判所** (3) **三審制**
(4) **刑事裁判** (5) **裁判員** (6) **番人**
(7) **三権分立（権力分立）**

解説 (3) 裁判の判決に不服の場合，次の上位の裁判所に訴えることで，原則として3回まで裁判を受けられる。
(4) 刑事裁判とは，殺人，傷害，強盗など他人の生命や財産などを侵す犯罪があったかどうかや，

刑罰を決める裁判。
(6) 違憲立法審査権は下級裁判所にもあるが，終審裁判所である最高裁判所が合憲・違憲の最終決定を行うため「憲法の番人」と呼ばれる。

② (1) ①**最高裁判所** ②**高等裁判所**
③**家庭裁判所** (2) a **控訴** b **上告**
(3) **公開** (4) ①**オ** ②**エ** ③**ア** ④**ウ**

解説 (1) ②高等裁判所は全国8か所に置かれている。　③家庭裁判所は地方裁判所とともに各都府県に1か所，北海道に4か所置かれている。
(2) 第一審の判決に対する上訴を控訴，第二審の判決に対する上訴を上告という。
(3) 公正な裁判が行われるために，裁判を非公開にせず公開することが原則とされている。
(4) 民事裁判では，原告と被告がそれぞれ対等の立場で自分の言い分を主張する。刑事裁判では，検察官と被告人が言い分を主張し，被告人が有罪か無罪か，有罪の場合はどんな刑罰になるかが判断される。有罪の判決が確定するまでは，被告人は無罪と推定されるため，人権が尊重される必要がある。

③ (1) **三権分立（権力分立）** (2) X **立法権**
Y **行政権** Z **司法権** (3) ①**ウ** ②**b**

Step 2 実力完成問題 （p.46-47）

① (1) ①**法** ②**司法** (2) ①**エ** ②**ウ**
(3) ①**イ** ②**国民審査**

解説 (2) ①簡易裁判所は，全国438か所に置かれており，民事裁判は地方裁判所へ，刑事裁判は高等裁判所へ控訴することができる。
(3) ①司法権の独立は，裁判を公正中立に行うために定められている原則。　②裁判官は，職務に専念できるように，その身分が保障されている。

② ①**（逮捕）令状** ②**自白** ③**黙秘権**
④**（基本的）人権**

解説 刑事裁判は被告人の自由を制限するため，警察や検察が強い立場になり過ぎないように推定無罪の原則がある。　①逮捕のほか，捜索にも令状が必要であるが，現行犯の逮捕の場合は例外。
②そのほか，自白が唯一の証拠の場合には有罪にできない。　③黙秘権とは，自分に不利な供述を強要されない権利。

③ (1) ①**A** ②**A** ③**B** (2)**イ** (3)**三審制**

  (4) **例 裁判を慎重に行い，裁判の誤りを防いで人権を守るため。**

解説 (1) ①行政機関を訴える裁判は民事裁判の一種である。　②相続についての親族間の争いなので民事裁判である。　③暴力による犯罪事件なので刑事裁判である。

(2) 裁判員は，満20歳以上の有権者の中からくじと面接で選ばれ，重い病気や高齢などの理由がある場合を除き，原則として辞退できない。

④ (1) **A** (2) **Xウ　Yア　Zイ**

  (3) **例 権力の集中によって，国民の権利がおびやかされることを防ぐため。**

解説 (1) 法律の違憲審査の矢印がBからCに向かっていることに着目する。法律の違憲審査を行うのは司法権を担当する裁判所で，国会がつくった法律が憲法違反でないかどうか判断する。したがって，Bが司法権（裁判所），Cが立法権（国会）となる。残るAが行政権（内閣）である。

---

5 地方自治のしくみとはたらき

Step 1 基礎力チェック問題 （p.48-49）

① (1) **学校** (2) **地方分権** (3) **条例**
  (4) **首長** (5) **地方交付税交付金（地方交付税）**
  (6) **国庫支出金** (7) **直接請求権**

解説 (4) 首長は予算や条例案を作成し，行政事務全般を指揮・監督する。いっぽう，地方議会は，条例の制定や予算の議決，行政の監視を行う。

(5) 自主財源である地方税の収入が多い東京都は地方交付税交付金を受け取っていないが，ほとんどの地方公共団体は地方交付税交付金を受け取っている。

(6) 国庫支出金と地方交付税交付金，借金である地方債などを依存財源という。

② (1) **選挙** (2) **aウ　bイ　cイ**
  (3) ①**不信任** ②**解散**

解説 (1) 首長と地方議会議員という2種類の代表を，住民が直接選ぶことが，地方自治の特徴。

(3) 地方公共団体における議会と首長も，議会の首長への不信任決議権と，首長の議会の解散権や

議会の決定に対する拒否権によって，互いに抑制し合い均衡を保っている。

③ (1) 地方税 **ア**　X 国庫支出金 (2)①**イ**
  ②**ア** ③**ウ** ④**エ** (3) **リコール**
  (4) **オンブズマン（オンブズパーソン，オンブズ）制度**

解説 (1) 地方公共団体の歳入のうち，最も割合が高いアが地方税。イは地方交付税交付金，ウは地方債である。

(2) 議会の解散請求や，首長・議員の解職請求は，選挙管理委員会に請求したあと，住民投票を行い，過半数の同意により認められる。

(4) 地方公共団体の機関から独立した個人や組織が，住民の苦情を受けつけて調査を行い，地方公共団体に対して改善を求めるなどの活動を行う。

Step 2 実力完成問題 （p.50-51）

① (1) **民主主義** (2)①**地方分権一括法**
  ②**例 国と地方公共団体が対等の関係になるように変えること。**

解説 (1) 民主主義とは，民衆による統治を意味し，民衆の自由な意思による政治を行うことが原則である。したがって，国民の最も身近な政治参加の機会である地方自治は，民主主義を経験し，学習するうえで重要な役割を果たしている。

(2) 地方分権一括法によって国の仕事の多くが地方公共団体の独自の仕事となり，仕事や財源を国から地方に移す地方分権が進められている。

② (1) **ア** (2) **ウ，オ** (3) **ウ**
  (4)①**条例** ②**a 1000**　**b 首長（市長）**
  c 直接請求権　**d 解職（リコール）**
  (5) **住民投票**

解説 (1) 地方議会で首長の不信任決議が可決されたり，住民による首長の解職請求が成立したりした場合，辞職するか解職されることがある。

(3) 地方裁判所は「地方」という語句が入っているが，国の機関である。

> ミス対策 裁判を行う司法権は，裁判所だけがもつ。

(4) ②a条例の制定の請求に必要な署名数は，有権者の50分の1以上。したがって，50000÷50＝

1000 より，1000 人分以上の署名が必要である。

(5) 住民投票条例を定めて行われる住民投票は，その結果に法的拘束力はないが，住民が直接賛否を表明できる。

③ (1) エ

(2) 例 地方交付税交付金は，地方公共団体間の財政格差を是正するために支出されるので，地方税の多い地方公共団体には，あまり配分されていないから。

解説 (1) エは東京都に支給されていないことから，税収の多い東京都には配分されていない地方交付税交付金。アは東京都や愛知県など人口の多い都県で割合が高いことから自主財源である地方税。イは国庫支出金，ウは地方債。

定期テスト予想問題 ③ (p.52-55)

① (1) ①秘密　②公職選挙　(2) ア，イ　(3) エ

(4) 例 選挙区によって一票の価値に格差があり，法の下の平等に違反している可能性がある。

解説 (2) 小選挙区制は，1 つの選挙区で 1 名しか選出されないため，大政党の候補者が当選しやすく，落選者に投じられた票(死票)が多くなる。いっぽう，比例代表制は，死票が少なく，小政党でも当選者を出しやすいが，多くの政党が乱立し，政治が不安定になることがある。

(3) 小選挙区比例代表並立制では，小選挙区と比例代表の両方に立候補することができるため，小選挙区で落選しても，比例代表の名簿順で上位ならば当選することがある。

(4) 一票の格差とは，議員一人あたりの有権者数が選挙区によって大きな違いがあり，一票の価値に差が生じていること。議員一人あたりの有権者数の多い選挙区では一票の価値が軽くなる。

② (1) ①最高　②立法　(2) ①公聴会　②衆議院

(3) 両院協議会　(4) ① 150 日(間)

②臨時会(臨時国会)　(5) ①イ

②例 衆議院は参議院よりも任期が短く，解散もあるため，国民の意思をより的確に反映すると考えられているから。

解説 (1) ①国会は国民の選挙によって選ばれた議員からなるため，「国権の最高機関」といわれる。

(2) ②予算は必ず衆議院に先に提出される。予算の先議権は衆議院の優越の 1 つ。

(4) 毎年 1 月中に召集されるのが常会(通常国会)，衆議院の解散総選挙後に召集されるのが特別会(特別国会)である。下線部 b は，そのいずれでもないので，臨時会(臨時国会)である。

(5) ア…60 日以内ではなく，30 日以内。ウ…予算の議決で，参議院が衆議院と異なる議決をし，両院協議会を開いても意見が一致しない場合，衆議院の議決が国会の議決となる。エ…憲法改正の発議には，衆議院の優越はなく，衆議院と参議院それぞれで，総議員の 3 分の 2 以上の賛成が必要。

③ (1) 国会議員　(2) ①閣議　②ウ　③ア

④例 10 日以内に衆議院を解散するか，総辞職する。

解説 (2) ②予算の議決は，国会が行う仕事である。

④ (1) 刑事裁判　(2) 裁判員　(3) イ　(4) 再審

解説 (1) 検察官や被告人がいることからわかる。

(2) 刑事裁判の第一審では，国民が裁判員として参加することがあり，3 人の裁判官とともに 6 人の裁判員が被告人の有罪・無罪や，有罪の場合は刑罰の内容を決める(裁判員制度)。

(4) 無実の罪で有罪の判決を受けることをえん罪といい，こうした裁判の誤りを正すために，再審の制度がある。これまでに，死刑判決を受けたあとに再審が行われ無罪となった例もある。

⑤ (1) 立法権 エ　行政権 ア　司法権 ウ

(2) 例 最高裁判所は，法律などが憲法に違反していないかどうかを判断する最終決定権をもっているから。

解説 (1) ア…世論調査で内閣の支持率が下がると，内閣は政策の見直しを迫られることもある。

⑥ (1) エ　(2) 地方分権　(3) 条例

(4) 例 住民が首長と地方議会議員という二種類の代表を選挙で選ぶしくみ。

(5) 地方交付税交付金，国庫支出金 (順不同)

(6) 2 万人以上

解説 (6) 有権者数が 40 万人以下の地方公共団体では，地方議会の議員を解職請求する場合，有権者数の 3 分の 1 以上の署名数が必要である。

1 家計と消費生活

Step 1 基礎力チェック問題 （p.56-57）

1 (1) **政府** (2) **消費** (3) **ケネディ**

(4) **消費者基本法** (5) **クーリング・オフ**

(6) **製造物責任法** (7) **小売**

解説 (5) 訪問販売は，契約書を交わした日から8日間，マルチ商法は20日間以内であれば，書面を送ることで無条件に解約できる。

(6) 欠陥商品によって消費者が被害を受けた際の，企業の責任について定めた法律である。

2 (1) **税金（租税）** (2) **財産収入（財産所得）**

(3) **ウ** (4) **キャッシュレス決済**

解説 (1) 家計は政府（国や地方公共団体）に税金を納め，公共サービスを受ける。

(3) 家族の多くが携帯電話を持つようになり，交通・通信費の家計に占める割合が上がっている。

(4) 紙幣や硬貨などの現金（キャッシュ）を支払い手段とするのではなく，電子マネーなどの電子的な決済手段を利用するのがキャッシュレス決済である。

3 (1) **卸売** (2) **商業**

(3) **POS（販売時点情報管理）システム**

(4) 例 **流通の経路を短縮できる。（商品を保管する費用を節約できる。）**

解説 (1) 近年は，卸売業者を通さず，小売業者が生産者から商品を直接仕入れて値段を安くして売ることも多い。

(3) POSシステムにより，商品の販売に関する情報を集計・管理し，販売戦略を練り，製造や流通を効率的に行うためのデータとして利用される。

Step 2 実力完成問題 （p.58-59）

1 (1) **家計** (2) **給与収入（給与所得）** (3) **エ**

解説 (1) Yは政府，Zは企業。

(3) 映画館の入場料を支払うことは，消費支出のうち，娯楽費にあたる。株式の購入は投資にあたり，貯蓄に含まれる。生命保険の保険料も貯蓄である。一般に，収入（所得）から消費支出と税金や

社会保険料などの非消費支出を差し引いた残額を貯蓄という。

2 (1) **ア** (2) **エ** (3) **クーリング・オフ（制度）**

解説 (1) サービスとは，病気の治療や電車での移動など，形のないものをいう。

(2) 消費者が製品の欠陥によって被害を受けた場合，製品の欠陥と製造者である企業の責任を証明することは容易ではない。そこで，消費者保護の立場から，<u>企業の過失の有無にかかわりなく，企業に被害の救済を義務づけている。</u>

3 (1) **ア** (2) **価値の尺度** (3) **ア** (4) **ア**

解説 (1) ア…小売業が正しい。

(2) 「交換の手段」は，ある商品を売って貨幣を手に入れ，その貨幣でほかの商品を買うというように交換の仲立ちになること。「価値の貯蔵」は，商品を買う必要のないときには貯金するなど値打ちを蓄えることができること。

(4) 消費者主権とは，消費者が自由に商品を選択し，消費者の好みが企業の生産のあり方を決めるということである。しかし，現代では膨大な広告などによって，消費者が企業の情報をうのみにして商品を購入してしまうことも少なくない。

4 記号 **B** 利点 例 **仕入れにかかる費用を節約できるため，消費者は安い価格で購入することができる。**

解説 卸売業者や小売業者を通ると，それだけ卸売業者と小売業者の経費と利潤が上乗せされるので，価格が高くなる。

2 市場のはたらきと価格

Step 1 基礎力チェック問題 （p.60-61）

1 (1) **市場経済** (2) **市場** (3) **上がる**

(4) **上がる** (5) **希少** (6) **独占禁止法**

(7) **公正取引** (8) **公共料金**

解説 (1)(2) 市場で自由に商品の売買が行われるしくみを市場経済といい，市場経済の下では，商品の価格は需要量と供給量の関係で決まる。

(5) 商品の量が少なく，多くの人が欲しがるものは希少性が高くなる。

2 (1) **a 需要 b 供給** (2) **X ウ Y エ**

（3）**均衡価格**

解説 （1）買い手は価格が安いほど多く買おうとするため，グラフに表すと右下がりの曲線になる。いっぽう，売り手は価格が高いほど多く生産しよう（売ろう）とするため，右上がりの曲線になる。

（2）**X**は需要量が少ないことを表しているから，価格が高いときは需要量は少ない。**Y**は，供給量が少ないことを表しているから，価格が安いときは供給量は少ない。

（3）需要量と供給量がつり合い，市場でのバランスがとれたときの価格を均衡価格という。

3 （1）**独占価格（寡占価格）** （2）**ア**
（3）**公正取引委員会** （4）**イ**

解説 （2）少数の企業が市場を支配している場合，競争が弱まるため，企業は利潤をなるべく大きくするように価格を決めることがある。

Step 2 **実力完成問題** （p.62-63）

1 （1）①**A 40 B 80 C 80 D 40**
②**X 例 低下する（下がる） Y 例 上昇する（上がる）** ③**均衡価格** ④**300円**
（2）**独占禁止法** （3）**公正取引委員会**
（4）**ウ，オ**

解説 （1）②供給量が需要量を上回る場合，売れ残りが発生するため，価格は低下する。いっぽう，需要量が供給量を上回る場合，品不足が発生するため，価格は上昇する。 ③需要量と供給量が一致し，売れ残りも品不足も発生しないときの価格。

（2）（3）独占禁止法は，公正で自由な企業間の競争を確保し，国民経済の健全な発展を図る法律であり，公正取引委員会が運用している。

（4）公共料金は，郵便料金や鉄道・バス運賃など国民の日常生活に関係が深く，その値上がりが広く産業や消費者の生活に大きな影響を与えるため，国や地方公共団体が決定や認可をしている。

2 （1）**ア** （2）**例 入荷量が多くなると，価格が下がるから。（入荷量が少なくなると，価格が上がるから。）**

解説 （1）・（2）すいかの入荷量は春から夏に向かって増加し，夏をピークとして秋からは減少している。入荷量は供給量のことなので，供給量が多いときは価格は低く（安く）なる。

ミス対策 入荷量と価格は反比例すると覚えておこう！

3 **Xイ Yア Zイ**

解説 商品は価格以外の理由で，需要量・供給量が増えたり減ったりすることがある。例えば，ある商品がテレビで紹介された場合，需要量が増えることがある。また，原料が安くなった場合，供給量が増えることがある。このように，需要量・供給量が増えた場合，需要曲線・供給曲線は右に移動する。逆に，需要量・供給量が減った場合，需要曲線・供給曲線は左に移動する。このとき，均衡価格を示す，需要曲線と供給曲線の交点も移動するので，その商品の価格は高くなったり安くなったりする。キャベツがとれすぎた場合，需要曲線はそのままで，供給曲線が右に移動するので，需要曲線との交点は下に移動し価格は下がるが，価格が下がってもキャベツの需要量は大幅に増えることはあまりないので，農家の利益にはならない。そのため，キャベツが廃棄されることがある。

3 **生産と企業・労働**

Step 1 **基礎力チェック問題** （p.64-65）

1 （1）**資本主義経済** （2）**私企業（民間企業）**
（3）**利潤（利益，もうけ）** （4）**株式**
（5）**株主総会** （6）**労働組合法** （7）**終身雇用**
（8）**非正規**

解説 （2）公企業は，社会全体の利益を目的に活動を行う。

（4）必要な資金（資本金）を少額の株式に分けて発行し，広く一般から資金を募ることで，多額の資金を集めることができる。

2 （1）**イ，エ** （2）**証券**

解説 （1）イ…株主は，会社に損失が出た場合，出資額の範囲内で損失を負担する（有限責任）。
エ…取締役など会社の経営者（役員）は，株主総会で選出される。

（2）証券取引所（市場）での株式の売買によって資金を調達することを，直接金融という。

3 （1）**イ** （2）**ベンチャー企業**

解説 (1) **ア**は出荷額，**ウ**は従業者数。中小企業は事業所数のほとんどを占め，従業者数でも約7割を占めるものの，出荷額は大企業のほうがやや多くなっている。

4 (1) **イ** (2) **労働基準法** (3) ① **8** ② **40**

解説 (2) 労働基準法，労働組合法，労働関係調整法をまとめて労働三法という。労働組合法は団結権・団体交渉権・団体行動権（争議権）を具体的に保障した法律，労働関係調整法は労働者と使用者の対立を調整する法律である。

> ミス対策 「労働条件の最低基準」とあったら労働基準法と覚えよう。

Step 2 実力完成問題 （p.66-67）

1 (1) **株主** (2) **ウ** (3) **取締役会**

解説 (3) 株主総会は，株式会社の最高議決機関である。株主は株主総会に出席する権利があるが，経営に参加する義務はない。会社の経営は，株主総会で選出される取締役などの役員が行う。

2 **ア**

解説 中小企業は，資本金，従業員数，設備などが小規模である。そのため，企業数のわりに，従業員数はそれほど多くないが，日本の企業のほとんどが中小企業である。

3 (1) **勤労** (2) **労働組合法**
(3) **男女雇用機会均等法** (4) **育児**

解説 (3) 1985年，あらゆる形態の男女差別の撤廃を求めた女子差別撤廃条約の批准に際し，職場での男女平等を義務づける男女雇用機会均等法が制定された。
(4) **D**は育児・介護休業法の条文である。

4 (1) **終身雇用（制度）** (2) **エ**
(3) **ワーク・ライフ・バランス**
(4) **ワーク・シェアリング（ワーク・シェア）**
(5) **テレワーク**

解説 (1) 現在の日本では，終身雇用が崩れ，パートタイマーや派遣労働者などを使う企業が増えている。
(3) 多様な働き方や生き方ができる社会を目指そうとする考え方である。

5 例 **女性は男性に比べて，非正規労働者の割合**

が高く，どの年齢（層）でも賃金が低い。

解説 女性は非正規労働者の割合が高いことなどから，賃金が男性より低くなるが，正規労働者であっても，男性より賃金が低い傾向にある。

4 金融のしくみとはたらき

Step 1 基礎力チェック問題 （p.68-69）

1 (1) **金融** (2) **直接，間接** (3) **政府**
(4) **公開市場操作（オペレーション）** (5) **売り**
(6) **円高**

解説 (1) 資金を融通すること。
(4) 日本銀行が公開市場で，国債や手形を買えば，世の中に出回る通貨量が増え，国債や手形を売れば，世の中に出回る通貨量が減る。このようにして景気の調整を行うことを公開市場操作という。
(6) 円とドルの交換など，異なる国の通貨と通貨の交換市場を外国為替市場といい，そこで決まる「1ドル＝100円」などの交換比率を為替相場（為替レート）といい，毎日変動している。

2 (1) **直接金融** (2) **ア** (3) **利子（利息，金利）**
(4) **日本銀行券**

解説 (1) ▶要注意 銀行からお金を借りる場合は，銀行への預金者から銀行を仲立ちとしてお金を借りることになるので間接金融である。
(3) 一般に銀行が企業や家計から受け取る利子は，預金者へ支払う利子よりも高い。
(4) 日本銀行は，紙幣を発行できる唯一の発券銀行で，100円などの硬貨は補助貨幣として財務省（政府）が発行している。

3 (1) **発券銀行**
(2) **公開市場操作（オペレーション）** (3) **イ**
(4) ① **物価** ② **デフレーション（デフレ）**
③ **インフレーション（インフレ）**

解説 (2) かつてはほかの金融政策も行われていたが，現在は公開市場操作が金融政策の中心。
(3) 不景気の状態は**イ**で，通貨量を増やす政策が行われる。**ア**，**ウ**，**エ**は好景気の状態。
(4) ▶要注意 ①商品1つひとつの値段は価格，いろいろな商品の価格やサービスの料金を総合して平均化したものが物価である。

②物価が継続的に下がり，貨幣の価値が上がる現象。物価が下がることで企業の利益が減り，失業者が増えると，ものが売れなくなり，ますます物価が下がるというように不景気（不況）が深刻化していく悪循環を，デフレスパイラルという。

③物価が継続的に上昇し，貨幣の価値が下がる現象。そのため，実質的な所得は少なくなる。

Step 2　実力完成問題　（p.70-71）

① 記号 **A**　理由 **例 貸し出しの金利と預金の金利の差額が銀行の収入となるから。**

解説 銀行が貸し出す際の金利は預金の金利より高くなっており，その差額が銀行の利益となる。

② (1) **X オ　Y ウ**　(2) **中央銀行**

(3) ①**公開市場操作（オペレーション）**

②**A ア　B ア**

解説 (1) Y日本銀行は，国税などの政府の収入を預かり，支払いは政府小切手によってこの預金から支払われる。また，国債の応募などの事務を行う。
(2) 中央銀行である日本銀行は個人や一般企業とは取り引きせず，国や銀行とのみ取り引きをする。
(3) ②日本銀行が銀行から国債を買ってその代金を支払うことで，銀行の資金量が増え，銀行の貸し出しが増える。貸し出しが増えると，企業や家計が資金を調達しやすくなり，景気の回復につながる。

③ **エ**

解説 表は，円に対するドル，ポンド，ユーロの価値を各年ごとに示したものである。したがって，数字が大きいほど，ドル，ポンド，ユーロの価値が高く，円の価値が低い。**ア**…数字が小さいほど円の価値が高いので，2000年はユーロに対する円の価値が最も高い。**イ**…各年において，ドルの数字がほかの2つの通貨より大きければ，ほかの通貨より円の価値が低いといえるが，そうではない。**ウ**…ユーロの場合，2005年が最も数字が大きいので，ユーロに対する円の価値が最も低かったのは2005年である。**エ**…どの通貨でも，2005年より2018年のほうが数字が小さいので，円高になっている。

④ **A 80　B 25000　C 16000　D 不利**
　　E 有利

解説 A…1ドル＝100円から，20円の円高になると，1ドルの価値が20円安くなるので，1ドル＝80円となる。B…1ドル＝80円のとき，200万円は，200万円÷80円＝25000ドルとなる。C…1ドル＝80円のとき，200ドルは，200ドル×80円＝16000円となる。D・E…円高になると，日本の商品はアメリカでは高くなるので，輸出には不利となり，反対にアメリカの商品は日本では安くなるので，輸入に有利となる。

5　財政のはたらき，景気変動

Step 1　基礎力チェック問題　（p.72-73）

① (1) **社会保障関係費**　(2) **国税，直接税**

(3) **累進課税**　(4) **国債**　(5) **公債金**

(6) **後退，回復**　(7) **財政**

解説 (6) 好景気のときは商品がよく売れて，生産の拡大，雇用の増大，賃金の上昇がみられる。しかし，景気が過熱すると，やがて商品の売れ残りが出始め景気は後退する。不景気のときは，一般にこの逆の現象が起こる。

② (1) **社会資本**　(2) ①**高い（多い）**

②**低い（少ない）**　(3) **財政政策**

解説 (2) 所得税などで採用されている，所得の高い人ほど税率が高くなる累進課税制度は，所得格差を是正するための政策の一つである。

③ (1) ①**所得税**　②**法人税**　③**消費税**

(2) **累進課税**

解説 (1) 2020年度の税収入で，最も大きな割合を占めるのが消費税である。次が所得税で，法人税と続く。

④ (1) **不景気（不況）**　(2) **減税**

解説 (1) 経済活動が停滞すると，企業の収入が減り，賃金の上昇が止まったり下がったりする。
(2) 政府は，景気の過熱を抑えたり，景気の回復を図ったりするために，財政政策を行い，景気を調整する。不景気のときは，減税を行い，公共事業への支出を増やす。好景気のときは，増税を行い，公共事業への支出を減らす。

1　(1) **ウ**

(2) 費用 **社会保障関係費**　変化 **高齢化**

解説 (1) ウ…1995年度の地方交付税交付金は約12兆3020億円，2020年度は約15兆6040億円である。イは社会保障関係費，エは国債費の説明として正しい。

> ミス対策 グラフを比較するときは，割合から実際の金額を計算して考えよう。

(2) 国の歳出は，社会の変化と関係していることに着目しよう。

2　(1) **イ，エ**　(2) 例 **所得が多くなるほど，税率が高くなるしくみ。**　(3) **ア**　(4) **ウ**

解説 (1) イ…間接税の中で最も割合が大きいのは，消費税である。

(3) ア…消費税は，所得にかかわらず同じ税率で支払っているため，所得の少ない人ほど税負担の割合が高くなる。この問題を逆進性という。イ…一般に消費税と呼ばれているものは，国税の消費税と地方税の地方消費税を合わせたものである。ウ…2021年現在，食料品にかかる消費税の税率は8％で，ほかの商品にかかる税率の10％より低くなっている。

(4) 直接税と間接税の比率を直間比率という。アのアメリカは直接税の割合が高く，イのイギリスなどヨーロッパの国は，間接税の割合が高い。

3　(1) **ア**　(2) **ア**

解説 (1) Aの時期はイ，Bの時期はウ，Cの時期はエ。資本主義経済のもとでは，このような好景気と不景気の波（景気変動）が起こる。

(2) Aの時期は好景気なので，政府は増税を行ったり公共事業などへの支出を減らしたりする。また，日本銀行は国債などを売る金融政策を行う。

4　国 **アメリカ**　理由 例 **日本よりも国民負担率や国民所得に占める社会保障支出の割合が低いから。**

解説 イギリス，フランス，スウェーデンは，日本よりも国民負担率が高く，国民所得に占める社会保障支出の割合も高いので，日本よりも高負担高福祉である。

6　国民生活の向上と福祉

1　(1) **生存**　(2) **医療保険**　(3) **年金保険**
(4) **介護保険**　(5) **社会福祉**　(6) **大きな政府**
(7) **環境基本法**

解説 (2) 医療保険は，大きく民間企業の労働者が対象の健康保険と自営業者などが対象の国民健康保険に分けられる。75歳以上の高齢者は独自の保険に加入する（後期高齢者医療制度）。

(5) 社会福祉は，児童福祉，障がい者福祉，高齢者福祉が主な柱である。公的扶助は，生活保護法に基づいて，生活が困難な人に行われる援助。

2　(1) **健康**　(2) ①**年金保険**　②**公的扶助**
③**社会福祉**　④**公衆衛生**

解説 (2) ①年金保険のうち，厚生年金保険は会社などに入社した時点から，国民年金保険は20歳以上60歳未満の人々が保険料を支払い，一定の年齢に達したり障がいを負ったりしたときに給付を受ける。④公衆衛生は，感染症などの予防を図り，国民全体の健康を増進するための対策。

3　(1) **エ**　(2) **環境省**　(3) **循環型社会**
(4) ①**リユース**　②**リデュース**　③**リサイクル**

解説 (1) ア…三重県四日市市で起こった大気汚染による公害病。イ…新潟県阿賀野川流域で起こった水質汚濁による公害病。ウ…熊本県・鹿児島県八代海沿岸で起こった水質汚濁による公害病。

1　(1) **生存権**　(2) ①**d**　②**a**　③**b**　④**c**
(3) **ウ**　(4) **公助**

解説 (1) 日本国憲法第25条の生存権である。

(3) 介護保険は40歳以上の人々が全員加入し，必要になったときに介護サービスを受ける。

(4) 民間企業の保険や預金などを利用し，自分で守るという考え方を自助，社会保険などでともに支え合うという考え方を共助，社会福祉や公的扶助，公衆衛生などで政府が生活を保障するという考え方を公助という。

2　①**イ**　②**ア**　③**ウ**

解説 ①1950年代後半からの高度経済成長期に

は, 産業の発展が優先されたため公害が深刻化し, 1960 年代には公害批判の世論が高まった。

②産業が発展すると, 道路・鉄道・空港周辺の騒音や振動, ごみの焼却で発生するダイオキシンなどの新しい公害が発生した。

③資源を再利用するなど有効に活用し, 廃棄物を最小限におさえた持続可能な社会を循環型社会という。

3 (1) ウ (2) AI

解説 (1) 企業が, 土地や人件費が安い中国や東南アジアなどに国内から工場を移転すると, 国内での生産や雇用が減り, 産業が衰退する。これを産業の空洞化という。

4 (1) 労災保険 (労働者災害補償保険, 労働災害保険) (2) 例 生産年齢人口の割合が低下している (3) 例 社会保険料の割合が低下し, 公費負担の割合が高くなっている

解説 (2) 資料 I から, 老年人口 (65 歳以上) の割合が増え, 生産年齢人口 (15 歳〜64 歳) と年少人口 (15 歳未満) の割合が減っている。社会保険料を支払う中心となるのは生産年齢人口である。

(3) 社会保険料を支払う生産年齢人口の割合が減るいっぽう, 老年人口の割合が増えるため, 公費負担 (税金など) の割合が増えることになる。

定期テスト予想問題 ④ (p.80-83)

1 (1) 給与収入 (給与所得) (2) ①イ ②ア
(3) 消費者基本法

解説 (1) 家計の収入 (所得) には, 給与収入 (給与所得), 事業収入 (事業所得), 財産収入 (財産所得) がある。

(2) ①イ…製造物責任法 (PL 法) で定められている。②ア…293379 円 ÷ 79531 円 = 3.6…で 3 倍以上である。イ…1990 年はいずれの項目も 1970 年よりも金額が増えている。ウ…2019 年の食料費は 293379 円 × 0.257 = 75398.403 円, 1990 年の食料費は 311174 円 × 0.254 = 79038.196 円なので, 3000 円以上減っている。エ…2019 年の交通・通信費は 293379 円 × 0.149 = 43713.471 円, 1970 年の交通・通信費は 79531 円 × 0.052 = 4135.612 円なので, 10 倍以上増えている。

2 (1) 例 供給量が需要量を上回っているため, 価格が下がり (2) 均衡価格

解説 (1) X_1 のところの横軸を見ると, 供給量が需要量を上回っており, 縦軸を見ると, 価格は需要量と供給量が一致する X のところより高い。

3 (1) イ (2) 株式 (3) イ (4) ①労働基準法
②非正規労働者 (非正規社員)

解説 (1) Y は企業, Z は政府である。

(3) ア…日本銀行は, 通貨量を調整する管理通貨制度によって景気の変動幅を小さくする役割がある。ウ…政府の銀行とは, 政府の資金の受け入れや貸し出しを行うことである。エ…日本銀行は, 一般企業や家計 (個人) とは取り引きしない。

(4) ①労働者の権利を保障するための労働基準法, 労働組合法, 労働関係調整法を, 労働三法という。

4 (1) イ (2) ①累進課税 (制度) ②イ, エ
③例 将来の世代の負担が大きくなる。
(3) イ, ウ (4) ①ウ ②例 65 歳以上の高齢者が増えたから。 ③例 15〜64 歳の生産年齢人口の割合は減っているので, これらの人々の負担が大きくなる。

解説 (1) 歳出に大きな割合を占めるのは, 少子高齢化の進展に伴い増加する社会保障関係費と, 長く続く財政赤字の影響による国債費である。

(2) ②消費税や揮発油税などの間接税は, 逆進性がある。③公債金は, 歳入の不足を補うために発行される国債による借入金である。借金が多くなれば, 元金や利子を支払う負担が大きくなり, 国民の税負担が大きくなる。

(3) イは金融政策, ウは財政政策という。

(4) ①アは福祉・その他, イは医療である。

5 (1) エ (2) 社会資本 (3) ①公害 ②環境
③循環 (4) ①水俣病 ②四日市ぜんそく
③イタイイタイ病

解説 (1) エ…社会保障費の負担率は, 国民所得に占める税金と社会保障費の割合, 社会保障の充実度は, 国民所得に占める社会保障費の給付額の割合で考える。スウェーデンやフランスなどは, 負担率は高いが充実度も高い。

(4) ①は熊本県・鹿児島県の八代海沿岸, ②は三重県, ③は富山県。このほか, 新潟県の新潟水俣病がある。

1 国際社会のしくみと国際連合

Step 1 基礎力チェック問題（p.84-85）

1 (1) **主権** (2) **排他的経済水域** (3) **条約**
　(4) **国際司法裁判所** (5) **平和** (6) **総会**
　(7) **中国** (8) **拒否権** (9) **平和維持活動（PKO）**

解説 (1) 主権・領域・国民が，主権国家の3つの要素である。

(8) 重要な問題の議決において，<u>5大国のうち1か国でも反対すれば決定できない</u>という権利。

2 (1) **イ** (2) **領海** (3) **ア**

解説 (1) 領空は，領土と領海の上空の範囲であるが，一般的には大気圏内に限られる。

(2) 1海里は1852mで，12海里は約22.2km。

3 (1) **エ** (2) **拒否権** (3) **経済社会理事会**
　(4) ① **ウ** ② **ア**

解説 (1) 総会での議決は多数決である。

(3) 経済社会理事会は，経済・社会・文化・教育などの国際交流を進め，各国や各機関に対して勧告を行う。IMF（国際通貨基金），UNESCO（国連教育科学文化機関）などの専門機関と連携している。

(4) UNESCOは教育・科学・文化面での国際交流を促進し，世界遺産の保護活動も行っている。UNICEFは国連児童基金，UNHCRは国連難民高等弁務官事務所，WHOは世界保健機関。略称の頭につくUNは国連（United Nations）という意味。

Step 2 実力完成問題 （p.86-87）

1 (1) **主権（国家主権）** (2) **領域** (3) **国際法**

解説 (2) 国家の主権のおよぶ範囲を領域という。

(3) 国際社会の秩序を守り，紛争を解決する基準として，国際法が発達してきた。

2 (1) **イ** (2) **1945年** (3) ① **イ** ② **エ**
　(4) **国際司法裁判所** (5) **エ** (6) **WHO** (7) **イ**
　(8) **ウ**

解説 (1) ▶**要注意** 国際連合の本部はアメリカのニューヨーク，第一次世界大戦後に設立された国際連盟の本部はスイスのジュネーブ。

(3) ② 5常任理事国と10の非常任理事国を合わせた15か国のうち，5常任理事国すべてを含む9か国以上の賛成が必要である。

(5) ILOは国際労働機関，WTOは世界貿易機関，PKOは平和維持活動。IMFは国際通貨基金。

(7) アはアメリカ，ウはイギリス，エはフランス。

(8) 多国籍軍は安全保障理事会の決議でアメリカ軍を中心に結成されたもので，平和維持活動とは関係がない。

3 (1) **イ** (2) 例 **常任理事国であるロシアと中国が拒否権を行使して反対したから。**

解説 (1) アフリカは第二次世界大戦後に多くの国が独立し，とくに1960年は「アフリカの年」といわれ，17か国が独立した。

(2) 常任理事国のアメリカ，イギリス，フランス，ロシア，中国は，安全保障理事会の重要な問題について拒否権をもっており，<u>1か国でも反対すると，決定できない</u>。

2 地域協力と世界の平和

Step 1 基礎力チェック問題 （p.88-89）

1 (1) **地域主義（地域統合）**
　(2) **EU（ヨーロッパ連合）** (3) **ASEAN**
　(4) **TPP** (5) **FTA** (6) **地域紛争** (7) **難民**
　(8) **核（兵器）拡散防止条約（核不拡散条約，NPT）**

解説 (3) APECは，アジア太平洋経済協力会議。

(5) EPAはFTAを拡大し，経済面で幅広く協力するもので，経済連携協定という。

(7) 難民とは，紛争・戦争，政治・宗教などの理由で迫害を受けて国外に逃れた人々のこと。

2 (1) **ウ** (2) **エ** (3) **メキシコ**

解説 (1) ア…デンマークやスウェーデンなど8か国がユーロを導入していない（2020年現在）。イ…2004年に東ヨーロッパ諸国など10か国が加盟し，その後も加盟国が増えた。エ…ドイツ・フランスなどの先進諸国と東ヨーロッパ諸国などとの経済格差が問題となっている。

(3) アメリカ・メキシコ・カナダ協定（USMCA）は，北米自由貿易協定（NAFTA）に代わって結ばれた協定で，2020年に発効した。

3 (1) ①ベルリン ②テロ ③イラク

(2) 難民 (3) 軍縮 (4) イ→ウ→ア

解説 (1) ①ベルリンの壁は冷戦時代にベルリンに築かれた、ベルリンを東西に分断する冷戦の象徴だった。 ②テロリズムの略。 ③アメリカはイラクが大量破壊兵器を所有し、テロリストを支援しているとして、イラクを攻撃した。

(4) アの核兵器禁止条約の採択は2017年で発効は2021年1月、イの第1回原水爆禁止世界大会は1955年、ウの中距離核戦力（INF）全廃条約の調印は1987年。

Step 2 実力完成問題 （p.90-91）

1 (1) 地域主義（地域統合）

(2) ① EU ② ASEAN ③ APEC

(3) A ユーロ B パスポート C イギリス

(4) イ

解説 (2) ③ APEC は、EU などに対抗するため、貿易・投資の自由化、経済協力を進める組織。

> **ミス対策** 地域統合の加盟国は、地図で位置も確認しておくことが大切。

2 (1) PKO (2) ア (3) ウ

解説 (3) ア…部分的核実験停止条約は、地下以外での核実験を禁止した条約。イ…核拡散防止条約は、アメリカ、イギリス、フランス、ロシア、中国以外の国が核兵器をもつことを禁止している。ウ…核兵器禁止条約は、核兵器を全面的に禁止した条約であるが、核保有国や、唯一の被爆国である日本は参加していない。エ…ODA は政府開発援助の略称。非政府組織の略称は NGO。

3 記号…イ 組織…東南アジア諸国連合

解説 B は発展途上国による地域統合のため、人口は多いが国内総生産が少ないと考えてイ。アは EU、ウは NAFTA（2020年から USMCA）、エは日本。

3 地球時代の課題

Step 1 基礎力チェック問題 （p.92-93）

1 (1) オゾン (2) 国連環境開発会議

(3) 京都議定書 (4) 南南問題 (5) SDGs

(6) 政府開発援助 (7) 再生可能エネルギー

解説 (1) オゾン層が破壊されると、地表に届く紫外線の量が増え、人体に悪影響を与える。

(2) ▶**要注意** 1972年にスウェーデンで開かれたのが国連人間環境会議、1992年にブラジルで開かれたのが国連環境開発会議（地球サミット）。

(6) 政府開発援助のほか、開発支援については、NGO（非政府組織）も活躍している。

(7) 石炭や石油、天然ガスなどの化石燃料は、地中に堆積した動植物が長い年月をかけて炭化したもので、可採年数に限りがあるが、太陽光、風力、地熱などは、枯渇せず、繰り返し利用することができる。

2 (1) ①エ ②ウ ③イ (2) 温室効果

解説 (1) ①化石燃料を燃やすと排出される窒素酸化物などが水蒸気にとけ、酸性度の強い雨となる。

(2) 二酸化炭素などの温室効果ガスが、地表の熱を逃がさないはたらきをして、大気の温度が上昇する。

3 (1) イ (2) 南北問題 (3) 政府開発援助（ODA）

(4) マイクロクレジット

解説 (1)・(2) 栄養不足人口の割合が高い国が地球の南側に多いことからも、南北の格差がわかる。

(4) 発展途上国の人々の貧困を解決するために、マイクロクレジット（少額融資）のほか、発展途上国の人々が生産した農産物や製品を公正な価格で買うフェアトレード（公正貿易）も注目されている。

4 フランス C 日本 A

解説 3つの国で考えると、火力発電の割合が高いため石炭の割合が最も高いBが中国、原子力発電の割合が高いため原子力の割合が最も高いCがフランス、残ったAが日本である。

Step 2 実力完成問題 （p.94-95）

1 (1) ウ (2) ①イ ②エ ③ア ④ウ

解説 (1) 日本はエネルギー資源をほとんど輸入しており、輸入先の政情や外交関係などによっては安定した供給が得られないことがある。そのためエネルギー供給源の多様化が図られている。

2 (1) 地球サミット (2) ①アメリカ ②中国

(3) パリ協定

解説 (1) サミットとは，首脳会議のことである。
(2)・(3) 急速な経済発展によって二酸化炭素の排出量が増えている中国やインドに削減義務がなかったこともあり，アメリカは京都議定書を離脱した。これに対し，中国やインドなどは，これまでの温暖化の責任は先進国にあり，発展途上国の経済発展の権利を奪うことはできないと主張してきた。こうした対立の中話し合いが続けられ，2015年に採択されたパリ協定で，先進国と発展途上国が協調して温暖化対策に取り組むことになった。

③ (1) ウ　(2) 例 発展途上国の間にみられる経済格差の問題。　(3) フェアトレード

(4) 人間の安全保障

解説 (1) BRICS は，ブラジル，ロシア，インド，中国，南アフリカ共和国の英語の頭文字からできた名称。ウのシンガポールは，アジア NIES の1つ。
(2) 発展途上国の中には，石油などの資源が豊富な国や工業化に成功した国があり，そうでない国との間の経済格差が大きくなっている。
(4) 軍事力によって国家の安全を守るという方針から，一人ひとりの生命や人権を守る人間の安全保障への転換が求められている。

④ 例 日本は，国民総所得に対する ODA 支出額の割合が低く，アジアへの援助の割合が高い。

解説 日本の ODA は，アジア諸国への割合が最も高いが，近年は，中東やアフリカ諸国への援助が増えている。

定期テスト予想問題 ⑤　(p.96-99)

① (1) 例 ほかの国の干渉や支配を受けず，国内の政治や外交について，自ら決める権利。

(2) ① P 領空　Q 領海　② 200　(3) ウ　(4) ウ

(5) ① イ　② 例 1国でも反対すると，決定できないという権利。

(6) 国際司法裁判所　(7) ① エ　② ア

(8) ① 平和維持活動

　　② 国連難民高等弁務官事務所

解説 (1) 主権国家は互いに平等であり，国内の問題について他国から干渉を受けない（内政不干渉

の原則）。
(4) 一般の議題については，出席国の過半数，国際平和と安全の維持に関する勧告や加盟国の承認などの重要議題については，出席国の3分の2以上の賛成が必要。

② (1) ① イ　② ユーロ　(2) ウ　(3) イ

(4) ① ウ　② イ　(5) グローバル化

解説 (1) ① スイスは，EU への加盟を問う国民投票で反対多数となり，2020年現在まで加盟していない。
(2) インドネシア，マレーシア，フィリピン，シンガポール，タイ，ブルネイ，ベトナム，ミャンマー，ラオス，カンボジアの10か国。

③ (1) 酸性雨　(2) ① 例 中国やインドなどの発展途上国に削減義務がなく，二酸化炭素排出量の多いアメリカが離脱したため。　② イ

(3) 地球サミット　(4) リサイクル

解説 (1) 資料Ⅰは，酸性雨によって立ち枯れた森林の様子。
(2) ② ア…3度未満ではなく，2度未満。ウ…中国もロシアも参加している。エ…2015年に採択され，2016年に発効した。
(4) ごみを減らすリデュース，繰り返し使用するリユース，資源として再利用するリサイクルをあわせて3Rという。

④ (1) ① SDGs

　　② マイクロクレジット（少額融資）

(2) ① ウ　② ウ　③ 例 化石燃料のように枯渇することはないが，発電費用は化石燃料より高い傾向にある。

解説 (1) ① SDGs（持続可能な開発目標）は，2015年に国連で採択された，持続可能な社会を実現するために2030年までに達成すべき17の国際目標である。「貧困をなくそう」「飢餓をゼロに」「ジェンダー平等を実現しよう」などの目標がある。
(2) ③ 資料Ⅲからは，化石燃料には可採年数があり，いずれ枯渇することがわかる。これに対し，地熱や風力などの再生可能エネルギーは半永久的にエネルギー源として活用することができる。資料Ⅳからは，石油火力を除いて，化石燃料より再生可能エネルギーのほうが発電費用が高いことが読み取れる。

1 (1) オセアニア州 (2) エ (3) C，D (4) ⓐ

(5) エ (6) ウ (7) 語句 モノカルチャー経済

理由 例 価格の変動の影響を受けやすいから。

解説 (2) Yは北緯にあるので，地球の中心を通った反対側の地点は南緯にあり，経度は180度の差があるので，エが正解。

(3) 環太平洋造山帯に属するものを選ぶ。

(4) ⓐのロンドンは，温帯の西岸海洋性気候で，1年を通して降水量の差が小さい。ⓑのリヤドは乾燥帯の砂漠気候，ⓒのダーウィンは熱帯のサバナ気候，ⓓのマナオスは熱帯の熱帯雨林気候。

(5) アはノルウェーなどの高緯度地域，イは東アジア，東南アジア，南アジアの平野部，ウはオーストラリアについて述べた文である。

(7) モノカルチャー経済の国は，輸出額に占める特定の農産物や鉱産資源の割合が大きいため，価格が下がると，輸出額も大幅に減り，国の収入も少なくなってしまう。

2 (1) 木曽山脈 (2) 三角州（デルタ） (3) ウ

(4) ア (5) 促成栽培 (6) ウ

(7) 例 原料となる鉄鉱石と石炭の輸入に便利な臨海部に分布している。

解説 (1) 日本アルプスの1つ。(3) ウは種子島。

(4) イは兵庫県，ウは熊本県，エは香川県。アは岩手県や宮城県の特色。県境に南北に走る山脈は奥羽山脈で，入り組んだ海岸線は三陸海岸南部のリアス海岸のこと。

(6) 合計に占める乳用牛の産出額の割合は，1980年が約25％，2000年が約31％，2018年が約28％なので，ウが正しい。

(7) 資料Ⅱから，鉄鉱石も石炭もほとんどすべてを海外からの輸入に頼っていることが読み取れるので，それらを輸入しやすいということと，臨海部に分布していることを関連づけて答える。

3 (1) ①卑弥呼 ②イ (2) 天平文化

(3) 例 娘を天皇のきさきとし，生まれた子を天皇に立てることで勢力を伸ばした。

(4) 後鳥羽上皇 (5) ウ (6) 元禄文化 (7) D

解説 (1) ②アは縄文時代，ウは旧石器時代，エは古墳時代の日本の様子。

(5) カードEの「私」は出雲の阿国で，桃山文化（16世紀後半ごろ）の人物。アは15世紀末，イは13世紀後半，ウは19世紀初め，エは7世紀初め。

(6) 化政文化は19世紀前半の文化で，浮世絵では喜多川歌麿や葛飾北斎，歌川広重などが活躍した。

(7) 足利義政は室町幕府の第8代将軍で，応仁の乱は1467～77年のできごと。

4 (1) 国 イギリス 理由 例 アメリカで南北戦争が起こったから。 (2) ウ→エ→イ→ア

(3) ア (4) 孫文 (5) イ (6) イ (7) ア

解説 (1) 南北戦争は1861～65年のできごと。

(2) ウ（1874年）→エ（1880年）→イ（1881年）→ア（1885年）の順。

(5) Q…日本は第一次世界大戦の開戦（1914年）の約1か月後，アメリカは1917年に参戦。

(6) 治安維持法の制定は1925年，二・二六事件は1936年。

(7) アの日米安全保障条約の締結は1951年。

5 (1) 天皇 (2) 例 小選挙区では，大政党が得票率よりも多く議席を獲得するので，民意が正確に反映されにくい。 (3) イ (4) エ

(5) モンテスキュー (6) イ，エ (7) ウ

解説 (2) 小選挙区制は大政党に有利である。

(6) アは地方議会，ウは裁判所，オは内閣の仕事。

(7) ア…裁判員は満20歳以上の国民から選ばれる。イ…裁判員裁判の対象は，地方裁判所が第一審となる，殺人や強盗致死傷などの重大な刑事事件。エ…裁判員ではなく，検察審査会の役割。

6 (1) イ (2) 製造物責任法（PL法） (3) エ

(4) ①ウ ②例 景気変動の影響を受けにくく，税収が安定する。

解説 (3) ア…持株数に応じて，配当が分配される。イ…株式会社の経営者は，その会社の株式をもっていなくても就任することができる。ウ…個人でも株主になることができる。

(4) ①資料Ⅱ中のPは不景気のときなので，金融政策では国債を買い，財政政策では減税をして，市中のお金の量を増やす。また，財政政策では，不景気のとき，公共事業を増やすことも行われる。②不景気でも人々は生活に必要な商品を買うことから，消費税は法人税や所得税に比べ，景気変動の影響を受けにくい。

1 (1)南アメリカ大陸　(2)（2月）9（日）午後4（時）
　　(3)①Ａウ　Ｄイ　②経済特区
　　　③アボリジニ　④Ｄ
　　(4)例農産物と鉱産資源から工業製品に変化した。

解説 (2)兵庫県明石市を通る東経135度の経線が日本の標準時子午線。経線は15度ごとに引かれているので,サンフランシスコの最も近くを通っている経線は西経120度。東京とサンフランシスコの経度差は,135（度）＋120（度）＝255（度）。経度15度で1時間の時差が生じるから,255（度）÷15（度）＝17で,17時間の時差がある。東京のほうが時刻が進んでいるので,東京が2月10日午前9時のとき,サンフランシスコは2月9日午後4時。
(4)1980年のタイの輸出品の中心は,米や野菜,天然ゴムなどの農産物や鉱産資源であったが,2018年は,機械類や自動車,プラスチックなど,工業製品が中心となっている。

2 (1)フォッサマグナ　(2)イ　(3)イ
　　(4)①県名 島根県　記号 Ｄ　②250（m）
　　　③ウ　④エ

解説 (2)冬の降水量が多いことから判断する。
(3)アの輪島塗は石川県,ウの清水焼は京都府,エの天童将棋駒は山形県の伝統的工芸品。
(4)①地形図の松江市は,島根県の県庁所在地。
②1（cm）×25000＝25000（cm）＝250（m）。　③果樹園の地図記号は○。松江城付近に見える△は針葉樹林の地図記号である。　④エの甲午農民戦争は1894年に起こり,鎮圧のために清と日本が派兵したため,日清戦争が起こった。アの日露戦争は1904年,イのアヘン戦争は1840年,ウの日中戦争は1937年に起こった。

3 (1)ア　(2)エ　(3)大王　(4)エ　(5)①防人
　　②Ｘ例女子より男子のほうが負担が重い
　　　Ｙ男子を女子と偽って登録した

解説 (4)エ…墾田永年私財法が制定されたのは奈良時代の743年で,聖武天皇のころである。
(5)②男子を女子と偽って戸籍に登録することを偽籍といい,重い税負担から逃れるために,横行していた。

4 (1)真言宗　(2)書院造　(3)①エ　②ウ,エ
　　③イ→ア→ウ　(4)①富岡製糸場
　　②例政府の中心人物が特定の藩の出身者によって,占められていたこと。　(5)ウ

解説 (1)空海と同じころ,比叡山延暦寺では,最澄が天台宗を始めた。
(3)①徳川家光は1623～51年に将軍を務めた。エの島原・天草一揆は1637～38年。アの大塩(平八郎)の乱は1837年,イのラクスマンの来航は1792年,ウのザビエルの来日は1549年。　②ア…株仲間の解散は老中水野忠邦が天保の改革で行った。イ…生類憐みの令は第5代将軍徳川綱吉が出した。　③イ(1640〔42〕～60〔49〕年)→ア(1775～83年)→ウ(1789～99年)の順。
(5)ウの国際連合への加盟は1956年。アの沖縄の日本復帰は1972年,イの日米安全保障条約の改定は1960年,エの選挙権年齢の18歳以上への引き下げは2016年の選挙からである。

5 (1)①最低限度　②イ　(2)エ
　　(3)①イ　②議院内閣制　(4)拒否権
　　(5)例核保有国が核をもち続けること。不参加国への核の拡散を防ぐことができないこと。

解説 (2)有権者数が40万人以下の地方公共団体では,議会の解散,首長・議員の解職には,有権者数の3分の1以上の法定署名数が必要で,請求先は選挙管理委員会である。
(4)アメリカ,イギリス,フランス,ロシア,中国の5か国が拒否権をもつ常任理事国である。
(5)インド,パキスタン,イスラエルは核拡散防止条約に不参加で,北朝鮮は脱退を宣言した。

6 (1)イ　(2)累進課税（制度）　(3)例年収（所得）の低い人ほど,負担が大きくなるということ。
　　(4)好景気（のとき）　(5)①例歳出に対する税収の不足を補うため。　②エ

解説 (2)累進課税制度には,所得の格差を調整するはたらきがある。
(4)好景気のとき,政府は増税をしたり,公共事業を減らしたりする。
(5)①資料Ⅲから,税収だけでは歳出をまかなえていないことがわかる。　②社会保障関係費は,1980年度が約8.1兆円,2000年度が約17.6兆円,2020年度が約35.9兆円で,2020年度が最も多い。